嫌な子・ダメな子なんて言わないで

ADHD（注意欠陥・多動性障害）を持つ子の姿と支援法

嫌な子・ダメな子なんて言わないで

ADHD（注意欠陥・多動性障害）を持つ子の姿と支援法

目次

第1章「うちの子はブレーキが利かないんです…」——7
——ADHDを持つ子の母親たちの苦悩と闘い、そして光

1 幼稚園・小学校との関係——9

・幼稚園で「砂かけ、唾かけ、乱暴者」と言われて…——10
——入園直後から、毎日のように園に呼び出される

・特殊教育の学級を設置してもらって転籍した裕太君——24
——一年間子どもに付き添って、普通学級に限界を感じる

・同級生の親とのあつれきに、途方に暮れて…——41
——校長と担任が替わった途端に学校との関係も悪化

・「ADHDの子は危険！うちの学校から出て行け！」——56
——ADHDの実態を知らないのに、無責任に責め立てる親たち

・「お母さん、僕に毒ちょうだい」と言って泣いた佳希君——66
——友達のお母さんから「佳希君と遊んじゃダメ」と言われて…

・担任に「問題児」と決めつけられてからいじめに…… 80
―対応に無関心な学校に見切りをつけ、新天地を探す
・「克典君だけ、一人で登校すれば？」と言われて 95
―団体行動がとれない息子を排除しようとする班長
2 家族との関係 103
・心のどこかで息子の死を願う自分に気づいて、自責の念にかられる 104
―いい先生といい本、いい仲間に出会えて救われた
3 二次障害との関係 118
・パニックするのが嫌で、学校から帰宅してしまう息子 119
―「死ぬ、死ぬ」と連発する息子の気持ちが理解できなかったことも……
4 他の疾患との関係 132
・ADHDからアスペルガーへ診断が変わってしまった 133
―「アスペルガー症候群」についての情報不足に格闘する日々

・自閉的傾向（広汎性発達障害）と診断が変わって戸惑う
――ADHDを持つ他の子と、崇君はどこかちょっと違っていた――143

第2章 子どもたちの生活を応援したい！
――親や教師が心がけたい2大原則と8つのポイント――147

1 大人にできるサポート2大原則8箇条ってなんだろう？――148
2 子どもたちは、今日も元気に勉強する！――158
――福岡県福岡市立簀子小学校情緒障害通級指導教室の一日
3 先生やクラスメート、他の保護者たちへのカミングアウト法――172

第3章 ADHDについて、もっと詳しく知りたい！――187

1 ADHDについて聞きたいこと何でもQ&A――188
2 ADHDを持つ子どもたちの心と体のケアと、大人にできること――202

コラム*1* こうやったらうまくいった！ 具体的な絵を描いてルールを教える *157*
コラム*2* こうやったらうまくいった！ リトル・ティーチャー方式 *171*
コラム*3* 教師たちも、保護者との関係で悩んでいる *185*
あとがき *216*
巻末資料 *ADHD*の最新医療情報（相談機関・診療機関） *218*
*ADHD*の診断基準 *220*

装　幀　長谷川仁
カバーイラスト　中根光理
本文イラスト　高橋陽子

いくらちゃんとしつけようとしてもダメ。何回言い聞かせても、乱暴したり、怒りだしたりして、友達とトラブルを起こしてしまう……。でも、これって、その子のせいじゃないんです。もちろん、お母さんやお父さんのせいでもないし、先生のせいでもありません。この子たちは、生まれつき自分の感情や行動をコントロールすることが苦手なだけ。そう、それがＡＤＨＤ（注意欠陥・多動性障害）なのです。だけど苦手な面は、誰にだってあります。あきらめないで温かくサポートしてあげて！ どの子も、自分をコントロールする力を身につけることができるから、大丈夫。きっと、すばらしい個性を発揮するようになるはずです。

第1章

「うちの子はブレーキが利かないんです…」

―ADHDを持つ子の母親たちの苦悩と闘い、そして光

どんなに厳しくしつけてもまるで言うことを聞かない、悪気はないのに行動が乱暴だから、しょっちゅう友達ともめてしまう……。

うちの子はなんて育てにくいんだろう、と悩んでいませんか？　あるいはなんらかの発達障害があるとわかって、戸惑ってはいないでしょうか？

子育ての情報は、ちまたに溢《あふ》れているけれど、現実はなかなか書いてあるようにはいきません。そんな時、みんなどうやってその困難を乗り越え、希望を見出していったのでしょうか？

ここに紹介するのは、そんな悩みと直面した十一人の母親たちのお話です。十人十色、正解はありません。

でも、きっと参考になると思います。

（※ここに登場する人物はすべて仮名です）

1　幼稚園・小学校との関係

幼稚園も小学校も、集団行動や規律を守ることが苦手な子どもにとっては、とても居心地の悪い場所だ。

そういう環境がストレスになるため、子どもの問題行動はますます激しくなり、目立ってしまう。

「この時期、先生には少しでも理解してもらい、サポートを求めたい。でも、どうお願いしたらいいのだろうか。先生だけではない。同級生に仲間外れにされないようにするにはどうしたらいいのだろう？　他の児童の保護者にわかってもらうには何をすればいいのか？」

こういったことは、親なら誰でも頭を抱える問題だ。

幼稚園や小学校には、いろんな立場でいろんな思いを抱える人たちが絡み合っている。だからその関わり方は非常に複雑怪奇で、一筋縄にはいかない。必ずうまくいく方法なんてないからこそ、教師の性格やクラスの雰囲気に応じて、こちらも臨機応変に態度を変え、作戦を考える必要が出てくる。

ところがこれが恐ろしく難しいので、子どもも親も悩み、途方に暮れてしまうのだ。

それではまず、九州地方に住む里佳さんのケースから紹介しよう。次男の章介君は幼稚園に入園した翌日から、園の中で問題児扱いされ、後ろ指を指されるようになってしまった。親としてどうしたらいいのか、悩み苦しむ日々が続いた。

幼稚園で「砂かけ、唾かけ、乱暴者」と言われて…

――入園直後から、毎日のように園に呼び出される

「失礼ですが、いったいお宅では、今までどういった遊びをさせてこられたのでしょうかっ?」

息子が幼稚園に入園した翌日、里佳さんがホッと一息ついていると、電話がけたたましく鳴り響いた。

電話は章介君の担任の女性教師からだった。口調を抑え、ていねいな言葉遣いで喋っていたが、怒っていることはよく伝わってきた。母親としては、何がなんだかわからないまま、とにかくあやまった。

「す、すみません。何か、章介は、お友達に怪我とかさせたのでしょうか?」

「はあっ? 怪我をさせてからでは遅いんですっ。お宅のお子さんは何もやっていな

い他の園児に砂を投げつけたり、唾を引っかけたり、水をかけたりするんですっ！　とにかく、今すぐ迎えに来てくださいっ」

そう、ピシャッと言うと、担任は電話を切った。

里佳さんは恥ずかしさと情けなさでいっぱいになった。顔から火が出そうだったし、恐れていたことが、とうとう形になって現れたんだ、とも思った。

「すぐさま幼稚園まで自転車を飛ばし、連れて帰りました。帰る道中〝人にはやっていいことと悪いことがあるのよっ！　お友達に砂をかけたり唾をかけるのは、やってはいけないことなのっ！　とっても悪いことなのよっ！〟と大声で何度も叱りました」

里佳さんは、当時を思い出して、言葉をつまらせた。

「章介は〝ごめんなさい、もうしません〟と泣いてあやまったんです。でも、また、翌日には同じことをやっていました」

章介君は四歳で、カリキュラムがしっかりしていることで有名な地元の私立幼稚園に入園した。そこは近所でも評判のいい幼稚園だったが、どうやら章介君には合わなかったらしい。入園して以来トラブルの連続で、翌日以降毎日、この「呼び出し電話」

がかかってきたのだ。

そもそも、章介君は幼稚園に入る前から多動だった。赤ちゃんの時から、いつもちょこちょこ動き回り、じっとしていることはまずなかった。

二人目の子どもだったということもあり、四歳の子どもがどういう動きをするかは、母親としてだいたいは覚えていた。

しかも、親戚にいた月齢が同じ子はなんでもできるし、頭の回転も速い。自らの経験と、その親戚の子どもをすり合わせて考えてみると、里佳さんは胸の奥が疼《うず》く感じがした。心の底には、もやもやとした戸惑いが、形にならないまま横たわっていた。

「うちの子は、どこか違っていたんです。よそのお子さんと比べてみると、それはよくわかりました。〝あ〜この子、私の言っていることがわかっているのね〜〟という感じが伝わってこない。わかります? この感覚……。私は章介が生まれた直後から、〝この子はわかっているのかいないのか〟という不安を抱えていたんです」

実感のないまま、里佳さんは手探りでしつけをしていた。

落ち着きがないからこそ、小さいうちから厳しく育てなければ、将来この子が苦労する。そういう焦りを抱きながら、細心の注意を払い、息子の行動を一つ一つチェックして、生活のルールを教えていった。

それまで手をこまねいて見ていたわけではなかったからこそ、幼稚園から電話がかかってきた時、「とうとう来たか…」という思いがあったのだ。

母親に怒られてあやまったからといって、章介君の唾かけや砂かけが収まるわけではなかった。

やがて、棒を振り回すようになった。何かを作る時でも、自分の作品が気に入らないと他の園児の作品をぐちゃぐちゃにしてしまう。手を上げるなどの、乱暴な行為もするようになった。

叱られると「ごめんなさい、もうしません」と泣きながら章介君はあやまるが、涙が乾かないうちに、もう高いところから飛び降りたり、車道に飛び出してしまう。そして、少しでも「そういう危ない行動」を目にすると、里佳さんは普段よりもいっそう厳しく叱りつける……。この繰り返しが何日も、何か月も続いた。

「〝私の育て方が悪いの？　なんでわかってくれないの？〟そう自問自答し続けていました。いくら注意しても、自分自身が怪我をするような危険な行為をするんです。落ち着きがなくて不注意だし、勢いづいたら止まらないから、お友達にも迷惑をかけてしまう。章介が幼稚園に入ってからというもの、もう幾晩も幾晩も悩み、眠れませんでした。気がついたら、昼間はいつも怒鳴っていました」

里佳さんだけではない。夫も悩んでいた。

「〝なんでわからないんだっ！　何回言わせればいいんだっ！〟っていつも怒っていました。手はすぐ上がるし、下手をしたら足も出る。そうやっても、章介は言うことを聞かない。今思えば、虐待寸前だったと言えるかもしれない…。それくらい、私も夫も、息子のしつけについて自信をなくし、焦っていたんです。どうしてうちの子はこうなんだろうって。無力感と情けなさで息ができなかった……」

だが、どれだけ問題児だと苦情を言われようが、幼稚園に通わせないわけにはいかない。集団生活の中で子どもが学ぶことは、親が教える以上にたくさんある。

里佳さんは、できることは何でもした。幼稚園から「すぐ迎えに来てください」と言われれば飛んでいき、「保育室に付き添っていてください」と求められれば付き添う。とにかく必死だった。

そんな嵐が吹きまくる中、事件が起こったのである。入園して三か月ぐらいが過ぎたころだった。

「章介は机によじのぼり、上から飛び降りるのが好きでした。いくら注意してもやめなかった。ところが、その日はたまたますぐそばにいたお友達の上に着地してしまい、そのお子さんは歯を折ってしまいました。本人としては、下を確認してから飛び降りている。つまり、最善の注意を払ったようですが、結果は最悪でした。先生たちも他の保護者たちも、息子を見る目がますます厳しくなりました」

あれだけ気をつけるように、厳しく繰り返してきたのに、怪我をさせてしまった。その事実に里佳さんはひどく落ち込んだ。

ますます息子の行動を監視するようになり、ちょっとでも問題があれば叱り、たたいた。同時に、これからどうしたらいいのだろう、と内心、混乱していた。

ところで、その幼稚園では修了式に寸劇をやることになっていた。園をあげての行事だったので、教師はもちろん、親も必死。最初まとまりのなかった子どもたちも、やがて練習に夢中になり、少しずつ上達していった。

だが、章介君は練習に見向きもしなかった。芝居の練習が始まると、サーッと保育室から抜け出していなくなる。で、園内を徘徊し、教師が気が付いた時にはいつもよその学年にちょっかいを出していた。そのたびに園から「大変です」「すぐ来てください」と、里佳さんは呼び出されたそうだ。

「幼稚園側から、〝退園してください〟とはっきり言われたことはなかったのですが、毎日毎日、〝困っています〟〝なんとかしてください〟と苦情の電話をいただきました。そういう電話をもらった時、私はどうすればよかったのでしょうか…。今でも、あの時の自分の対応が最善だったのかどうかわかりません。ただ、必死であやまり、迎えに行って家に連れて帰り、本当に厳しく叱りとばしていました。息子にはなぜ怒るのか繰り返し説明するのですが、ちっともわからない。なんでこの子は善悪の理解ができないんだろう、なんで人が嫌がること、困ることをやるんだろうって……。最後は怒鳴りつけると同時に手も上げていたんですよね」

そうやって、身も心も疲れ切り、もはや限界に達していたある日のこと。

夫が「この本、どうかなあ」と言って一冊の本を手渡した。

それは、小児科医が書いた『注意欠陥多動性障害（ＡＤＨＤ：Attention-Deficit/Hyperactivity Disorder）』について簡単に解説した本だった。

里佳さんはむさぼり読んだ。線を何本も引きながら「あっ、これも当てはまる、こっちも同じだ」と一晩に何度も同じところを読んだ。気が付いたら、部屋には朝の光が射し込んでいたが、興奮する気持ちは収まらず、全く眠くなかった。

「章介はこれだったんだ、絶対に間違いない。あの子はわざとやっていたんじゃなかったんだ……、脳の機能障害のせいだったんだ」

それなのに、自分は厳しく叱りつけ、怒鳴りつけていた。息子の行動をすべて悪いほう悪いほうへと解釈し、追いつめていた。自分の対応が、一番やってはいけないことだったと知り、里佳さんの目からは大粒の涙が溢れ出て止まらなかった。

「ADHD…。やっと、息子の行動に納得のいく説明が得られたと思いました」

翌日、版元に電話して、著者の連絡先を聞いてみた。

しかし、当時著者はまだアメリカに滞在中で、クリニックもオープンしていない。仕方がなく、乳児の時から通っていた病院に問い合わせてみたのだが、そこの先生たちはADHDがなんだかピンとこない様子。「聞いたことはありますが、うちでは診察できません」と断られた。

「それでもあきらめるわけにはいかなかった。なんとしてでも章介に合った治療と教育を探したい。診断名よりも、どうすれば息子が楽になれるのか、そのことで頭がいっぱいだった。なんとか良い方向にもっていきたいとワラをもつかむ気持ちでした」

かかりつけの病院がダメだったので、評判を聞いた県立の小児病院に予約を入れ、一か月後に行ってみた。そこで、いくつかの検査を受けてようやくＡＤＨＤと診断されたのだが……。

「この病院では月に一回カウンセリングを受けましたが、具体的な指導は特にありませんでした。それでも他によりどころがなかったので、そのまま二年半も通い続けました。行動療法の先生もいましたが、お一人で二百人くらいの患者さんを受け持っておられましてね。その大半が重度の身体障害者の方たちでした。うちの子のように行動に問題がある子にはどれほどの効果があるのか疑問でした。でも、他にどうしたらいいかわからなかったので続けていました。もっとも、この行動療法も五回行ったところで、〝これ以上はやることがない〟と言われ、終わってしまいました」

せっかく診断がついても、今度は対処法がわからない。専門家も見つからない。一生懸命作って持参した息子の行動記録を「はいはい」と脇に置いて見ようとしなかった主治医にも不信感があった。やっとヒントが見つかりそうな気がしたのに、またしても八方ふさがりになってしまいそう……。落ち込みそうになる気持ちを奮い立たせて、里佳さんは奔走した。

隣町の幼稚園のうわさを耳にしたのはそのころだった。

私立で、田圃の中の一軒家の幼稚園。園児の数も少ない。子どもたちはみんなおおらかで、のびのびしているらしい。すぐさま園長にアポを入れた。

「挨拶もそこそこに開口一番〝ADHDってご存じですか？〟と聞いてみたんです。そうしたら、その園長先生、〝ええ、知っていますよ。お母さん、今まで大変でしたねえ〟って。その瞬間、〝説明しなくてもわかってくれる人がいた！　すごいっ！〟と踊りだしたくなりました。心臓がバクバクいって、うれしさと興奮が入り交じって。それでそれまでの日々を全部、初対面の園長先生にまくし立てました。先生は黙って聞いてくださり、最後に〝一度連れていらっしゃい〟とおっしゃったんです」

章介君は年長の二学期に転園した。

新しい幼稚園には、実は空きはなかったのだが、障害児枠で入れるよう園長自ら行政に掛け合ってくれたのだった。その結果、加配の保育士もついた。

里佳さんも思いつくかぎりのことをやった。

○家族構成にそれぞれの性格紹介
○生まれた時から今日までの病歴
○今まで起こした事件や問題行動などを細かく記した成長記録
○どういうことが得意で、何が不得意かなどの特徴を記したリスト
○どんな行動を取りやすいか、などの行動記録
○パニックになった時の対応策

そういった具体的なデータをファイルにまとめ、園に提出した。そして、何かあったら、すぐに登園するので連絡をください、と頭を下げた。データは一センチ以上の厚みがあった。戸惑い苦しんだ、母の記録でもあった。

「でもね、園の対応は意外なものだったんです。預かった以上はうちの責任です、とおっしゃって、電話がかかってくることはありませんでした。それどころか、毎日の息子の行動を事細かに記録までしてくれたんですよ！　こういう時にパニックしました、こういう対応をしたら効果的でした、って。そういう情報交換までしていただけるとは思っていなかったので、ようやく味方を見つけたんだわ、という気持ちになりましたねえ。この幼稚園は自由保育ではなく、しっかりした理念に基づいた保育を実

践していました。絶対数が少ないのもよかったのか、子どもたちに対する管理と自由度のバランスが絶妙でした。卒園するまでの半年間はほんとうに天国でした」

ＡＤＨＤの子どもが自由保育の幼稚園に行くと、幼稚園時代はいいのだが、小学校に上がってから急に自由度が減り、トラブルが起きやすくなる。そういう面を考えても、新しい幼稚園は章介君本人にとって、最適の場所だった。

「それまでは、やることなすこと叱られていて、いつも萎縮《いしゅく》していたんですが、今度の幼稚園では怒られることが少なくなり、気持ちも楽になったようでした。〝あのね、今度の幼稚園では木に登っても怒られないんだよ。先生は僕に『すごいね〜、でも気をつけて下りなさい』って言って、下で笑って見ていてくれるんだよ〟とうれしそうに報告してくれたり……。息子がイライラして物を投げつけた時は〝投げたくなったら、柔らかいものを、お友達がいないところで投げるのよ〟と指導して、息子用のぬいぐるみまで用意してくれました。以来、イライラしたら自分でぬいぐるみを持って、人のいないほうに向かって投げていました」

里佳さんが満面の笑みを浮かべるのも当然のことだった。周囲の大人の対応が変わったことで、章介君の行動は急激にいいほうへと変わっていったのである。表情も落ち着き、明るくなった。

園長のおかげで、気持ちを立て直すことができた里佳さんは、その後も精力的に医者を探し続けた。そうやって、何軒も何軒も小児科医から精神科医、ＬＤ専門医などドクターショッピングを続けることで、ようやく、親子ともども相性の合う医師を見つけることができたのである。

「お医者さんを探している時に、同じような悩みを抱える親御さんたちとも出会いました。これはうれしかったですねえ。そういうお互いの状況を理解し合える仲間が一人でも見つかったことが、本当にうれしい。そのうち、知り合いが知り合いを呼び、みんなで集まってグループをつくり、情報交換も始めました。会うと愚痴の言い合いですが、そこで翌日からのパワーをもらってくるんです。そのパワーが、今度は息子を応援していこうというエネルギーに変わる。そういった〝一人じゃない、わかってくれる人がいる〟という心の中の連帯感が、今の私と息子を支えているんです」

そうきっぱり言うと、里佳さんはニッコリした。優しいけれど、力強い笑顔だった。

里佳さんの息苦しさは想像するにあまりあるが、実は、こういう体験をしている人は意外に多い。園側との対応に悩み、よかれと思ってやったことが必ずしも実を結ばない。そして、ますます自分を追いつめ、袋小路に入り込む…。そういう時転園することは、一つの解決策にはなるだろう。そうすることで、目の前の問題からいったん距離を置き、今後のことについて、考え直すゆとりが生まれることもあるのだ。

次に紹介する、東北地方に住む恭子さんも、幼稚園時代は園側とうまくいかなくて、毎日が針のむしろだった。子どもも自分も非常に辛い思いをしたからこそ、小学校に入学する時は、万全の準備を整え、思いつく限りのことをやってみた。問題のない子どもでも登校拒否にならないか、いじめられないか、親なら悩む時代だ。そんな時代に、どうすればＡＤＨＤについて理解を得られるのか…。

恭子さんの試行錯誤の日々は何年も続いた。

特殊教育の学級を設置してもらって転籍した裕太君

——一年間子どもに付き添って、普通学級に限界を感じる

校長、教頭、学年主任、養護教諭、小学一年生を受け持つ先生たち。全員の表情がこわばっていた。

恭子さんは一歩校長室に入った時から、これから入学する小学校での日々が思いやられた。校長は、恭子さんのほうを見ないで、こう言った。

「私どもも、いろいろと勉強しまして…で、協議を重ねた結果、本人と他の児童の安全面を考え、お母さんに毎日付き添っていただきたい。うちの学校では、息子さん専任の加配の教師をつけるということはできませんので…」

漠然と予想はしていたものの、実際に耳にすると〝やっぱり……〟と落胆する。だが、この期に及んで他の入学先を探せるわけではない。そこは意見を言う場ではなく、学校側の決定を聞く場なのだ。

瞬間的にそう判断した恭子さんは、「わかりました」と間髪入れずに答えた。

「それで、入学式から一年間、毎日息子と登校し、下校まで一緒にいました。入学したら、息子の席は教室の一番後ろにちょこんとあって、その隣にしっかり私の机まで用意されていたんですよ（笑い）」

一人息子の裕太君がADHDと診断されたのは六歳、幼稚園の年長にいた時だ。母親としては、生まれた時から変わっている子だとは思っていた。

同時期に生まれた子にできることが裕太君にはできない。いつも走り回っていて、親の言うことなど聞かない。興味のあることが見つかると、他のことを放り出してそっちに突進してしまう……。幼稚園でも問題児で、しょっちゅう呼び出されては、家に連れて帰らなければならなかった。ADHDとわかるまでは、親も子も〝いったいどうしてこうなってしまうんだろう〟と、自らを責める日々を送っていた。

もっとも、診断がついたからといって、問題が解決されたわけではなかった。

というのも、幼稚園の対応が変わらなかったからだ。先生たちには「ADHDって何ですか?」「知的に問題があるわけでもないのに、どこが〝障害〟なんですか?」とはっきり言われた。ADHDに対して理解が得られたわけではなかったから、対応が改善することもなく、相変わらず裕太君の行動は問題とされた。「わがままなだけだ」「親のしつけが悪いからだ」といった園側の暗黙の非難も続いた。

そんな苦い教訓があったので、小学校に上がる時の最大の課題は、

「どうすれば裕太のことを、少しでも理解してもらえるようになるか?」

ということだった。

そこで、一生懸命に計画を練り、慎重に行動することにした。

「いろいろと考えた末、就学時健診前にできる限り手を打ったほうがいいと、決心しました。本当は何も言わないという手もあったのかもしれないのですが、ADHDは学校など集団にいると目立つというか、集団での対応がとても大事になってくるでしょう? だから学校側に隠すという発想は全くありませんでした。むしろ、こちらの手の内を全部知ってもらって、そのうえで息子のサポーターになってもらえるといい

と思ったんです」
そういいながら、恭子さんはちょっと弱々しく微笑んだ。そして
「誰もが、いいふうに解釈してくれるわけではないというのは、覚悟していたつもりだったんですけどねえ…」
と続けたのだった。

就学時健診が行われる前に、入学する予定の小学校の校長宛に手紙を書いた。
手紙には、
○ADHDだと診断されていること、ADHDとはどういう障害かという説明
○現在、医者にも通っているし、カウンセリングも続けていること
○家でもいろいろと訓練し始めていること、その訓練の内容
○今までに起こった困った行動の内容
○問題行動が原因で、幼稚園も一度変わっていること、その経過報告
○集団の中で、起こりうる問題行動について
○また、そういう行動が見られたり、パニックを起こしたら、どういう対応をしてほ

しいか（頭ごなしに怒らないなど）

などを、それまでの成長記録、家族構成、乳児の時から気になっていたこと、息子のいい点・悪い点、得意なこと・不得手なこと等、息子の性格とともに書き記した。

校長からの返事はすぐにはなく、身体検査、知能テストなど就学時健診は通常通り行われた。「やっぱり手紙くらいじゃだめだったのかなあ」と母親として不安が募ったのもこのころだった。

ようやく校長から連絡が来たのは、健診も終わってしばらくしたころのことだ。すでに三月になっていて、卒園式も間近だった。いったい何を言われるのだろうと、ドキドキしながら、恭子さんは一人で小学校に出向いた。

「一度学校に来ませんか？」

学校側の第一声は「ＡＤＨＤなんて知らない、初めて聞いた障害です」という養護教諭の言葉だったので、恭子さんはＡＤＨＤについてわかりやすくまとめてある本を取り出し、校長に送ったのと同じ説明をもう一度繰り返した。

「私は普通学級にこだわっていたわけではありませんでした。息子に合った教育を受けられるなら特殊教育の学級でもいいと思っていましたので、そう正直に話しました。ただ、問題は、その小学校にはそういった学級が設置されておらず、特学で勉強するためには、遠くまで通わなければならないことでした。ところが、その特学を見学してみると、情緒障害のあるお子さんは一人も通っていなかった。それで、そこに通ったとしても息子に必要な社会性や協調性がどこまで学べるのか、と疑問が出てきたんです。だから、できるなら普通学級でお願いしたい、という話をしました」

その時、校長は「特学を希望されるのであれば、うちにはないので他の学校に行ってもらうしかないのですが、普通学級ということならばわかりました、検討しましょう。担任が決まったらご連絡いれます」と、とても前向きな対応をしてくれた。それで、緊張がほぐれ、「何とかなるかもしれない、なんとかなるといいなあ」と期待で胸を膨らませながら、恭子さんは家に戻った。

次に学校に呼び出されたのは、入学式の前日のことだ。「担任が決まりましたので、ご紹介したい」と言われ、また学校まで出かけていった。

そして、前述の、緊張した先生方と対面するのである。

「校長室に入って、すぐさま空気が張りつめていることに気が付きました。そこにいらした方全員が非常に緊張していたんです。担任になると紹介された四十代前半の女性の先生など、顔がひきつっているようにも見えました。で、〃下校まで付き添ってください〃と言われまして…。その時は〃えっ！〃と思いましたよ…。でも、何も言いませんでした。小学校側は、私が出した手紙を見ていろいろと調査していたんです。そのことは知っていました。私も幼稚園の先生方に〃いいことも悪いことも何でもお話ください〃とお伝えしてありましたし……。幼稚園では問題児でしたから、決していいふうに伝わるとは思っていませんでした。いろいろと聞いた学校側としては、うちの息子の入学を警戒した、というのが正直な感じだと思います。でも、それもしょうがないと思っているんです」

学校側は「児童の安全」ということを繰り返し話題にした。はっきりと言わなかったものの、裕太君がよその子どもに怪我をさせる可能性が高いことを心配しているのだと言いたいのはよくわかった。

確かに幼稚園時代の裕太君は、何か気になるものがあるとそれに突進し、思い通りにいかないとパニックに陥った。乱暴を振るったこともあった。だが、それらはすべてＡＤＨＤと診断を受ける前の話。診断を受けてからは、家庭での対応を完全に変えたし、本人も我慢するとか社会のルールを覚えなければいけないことを理解し、少しずつだが頑張っていた。

しかし、「他の児童の安全」ということを強調されると、恭子さんは黙って聞くしかなかった。

入学式の翌日、同級生たちには恭子さんから説明した。

「朝の時間をもらいました。〝みんなは一人で学校に来ているのに、裕太君だけお母さんと一緒ってヘンだよね？〟と話し始めました。〝裕太君には、みんなができるのにできないことやわからないことがいっぱいあるの。だからおばちゃんがついているのよ。みんな、仲間にしてね〟って。子どもたちは〝はーい〟と元気よく返事をしてくれました」

同級生の保護者たちにも、最初の懇談会でカミングアウトした。自己紹介をする時に「ちょっとお時間をください」と断り、説明した。

○ＡＤＨＤのこと
○診断を受けていること

○特別な配慮とか補助が必要なこと
○できるだけ親がそばにいて注意するが、何か迷惑をかけたり気がついたことがあったら、すぐに知らせてほしい、ということ
○ご迷惑をかけないようにしますので、くれぐれもよろしくお願いします、ということ

「そうやって各方面に説明して、毎日一緒に登校しました。体育など、そばにいなくてもいい時は、予備室で待っていましたが、基本的にはいつも一緒。私はおにぎりを持参して、給食も一緒に食べていました（笑い）」

母親がそばにいることで安心したのか、一年間で友達をたたいたのは三回くらいだけだった。その時も、すぐに相手の親に電話してあやまった。最初に事情を話していたからか、相手の親も「気にしないでください」と言ってくれて、大きなトラブルにはならずにすんだ。

「そういう意味で言うと、むしろ幼稚園の時のほうが、居場所がなかったですよ。他の親御さんには特に障害のことを説明していなかったわけでしょう？　でもうちの子は、乱暴でクラスをかき乱す問題児でしたから…。最初のころはＡＤＨＤだというこ

ともわからなかったので、私にも余裕がなかったんですけど……。相談できる仲間もいないし、保護者や先生たちの視線も厳しいし、毎晩泣き暮らしていましたもの」

恭子さんはちょっと言葉をつまらせ、ハンカチを取り出した。

「でも、小学校に入学してからは、ずいぶん改善されました。私が一緒に登校することで、裕太は安心して、すっかり教室になじんでいました。他の保護者の方も理解を示してくれて、街で見かけると声をかけてくださる方もいました。もっとも、担任の先生は最後まで不安だったみたいで……。連絡ノートを作ってくれて、〝お母さんがいてくださるので助かります〟なんて、応援してくれているようではあったんですけど……」

そう言って、恭子さんは言葉を選び、慎重に話し始めた。それは先生を非難したくない、という心遣いでもあった。

「でもね……。一年生が終わるころ〝やっぱり普通学級は無理です〟と宣告されました。親の目から見たら、それほど問題があるようには思えなかったんですが……。それにT・T（ティーム・ティーチング、担任以外に教師がもう一人クラスに入って授業のサポートをすること）がいれば何とかなったのかもしれません。でも、人数の問題で、うちのクラスにはＴ・Ｔをつけることはできなかったそうです。そういうこともあって、先生も限界を感じておられたのかもしれません。私自身、一年間付き添ってみて、先生がいかに大変か、どれだけ仕事が多いか、仕事以上に雑務に追われているかなどを目《ま》の当たりにしてきました。あの状況で、裕太の障害に配慮した教育なんて、難しかったと思います。それで、町長に特殊学級を作ってほしいとお願いの手紙を出したんです」

地元には情緒障害児学級や通級指導教室もなかった。そういった現状が息子を含め、特別な教育を必要とする子どもたちにはよくないというようなことを、入学前に校長に送った資料とともに町長宛に提出した。もっとも、恭子さん自身、〝いったいいつまで登校につき合えばいいのか〟と疑問を感じていたこともあった。

町長の動きは迅速だった。返事もすぐくれたし、特殊学級もすぐに設置してくれた。

それで、裕太君は二年生の四月から特殊学級に移ることになる。恭子さんは付き添いを登下校時に絞り、学校のほうは特殊学級の先生にまかせることにした。

「裕太本人も自分のペースで勉強ができるからか、すんなりなじんだようでした。親学級というのでしょうか、元の普通学級とも交流があり、体育や音楽などは一緒にやることになりました。五年生に知的障害のお子さんがいらっしゃって、そのお子さんも一緒に特学に編入してきました。今までそのお子さんは、ついていけない授業は寝ていたそうですから、その状況を考えても、特学ができてよかったと思いました」

特殊学級の担任は、障害児教育の専門家ではなく、一年生から持ち上がった、五十代の女性教師だった。

これでやっと、息子にとって学べる環境ができた……。

そう喜んだ恭子さんだったのだが、現実はなかなか厳しく、覚悟はしていたものの、壁にぶちあたり、くじけそうになる日がまだまだ続いた。

一番驚いたのは、一年生の時の担任の態度の変化だった。息子が大変な子どもだというのは親としても理解しているわけだし、教師が大変だというのも一年間同席して把握しているつもりだった。それなのに、その教師の態度は二年生になると手のひらを返したように冷たかった。連絡帳に温かい言葉を書いてくれていたし、お互いの立場について思いやり、交流もできていた。そう思っていたからこそ、恭子さんは涙が出てきてしまう。元担任は、はっきりと迷惑だと言い、こう続けた。

「裕太君の責任は特殊学級のほうにあります。普通学級に来られても、私には私のやり方がありますから、それに合わせていただきます。特別なお子さんだからといって配慮するつもりは全くありません。他にも児童は三十人もいるわけで、お宅のお子さんだけを特別扱いする気はありませんので」

今度も恭子さんは、「よろしくお願いします」と静かに頭を下げるしかなかった。

こういう教師の気持ちは、当然子どもにも伝わる。裕太君は、しばらくして、特殊学級から普通学級に移動するのを嫌がるようになった。教室の前で、もじもじしたり、廊下で立ち止まったりするような行動が目立ってきたのだ。

「それに対して、担任の先生は〝何やってんの！　早く入りなさい〟とおっしゃったそうです。そこで〝お友達も待ってるよ〟みたいに声かけしてくれるだけで、裕太も入りやすくなったと思うのですが……。先生は〝嫌ならひばり学級（特殊学級）に帰りなさいっ！〟としょっちゅうみんなの前で叱ったそうです」

恭子さんは今でも戸惑いを隠さない。

「ボーッっとしていたら〝体操着に着替えるんだよ〟など、ちょっと声をかけてください、というのが、無理なお願い、というか特別な配慮なんでしょうか…やっぱりそういうことを期待すること自体、親のエゴなんでしょうか…?」

親としては、親学級に通うことで、少しでも集団での生活とか社会性を身につけさせたいと思っていた。なぜなら、それこそが自分の息子が補わなければいけない知識であり、経験だからだ。そして、それは教師一人に対して生徒が二人しかいない特殊学級では学べないことなのである。

「私のうがった見方なのですが、先生は〝面倒なことは排除したい〟という感じだったのかもしれません。特殊学級の先生は特別カリキュラムを作って、一生懸命教えてくださっていました。特殊学級では勉強をするというよりも自立活動みたいなことを中心に教えてくれます。でも、そこがまた親から見ると難しい点でもありました。というのも、息子はそういう面に問題があったわけではなかったからです。息子に必要な教育とは、微妙にずれている感じもありました」

また特殊学級の教師には、子どもに対して〝甘い〟面もあった。いつもはできることができない時でも、ビシッと叱ることはあまりしなかったのだ。甘やかしている…。そう見えなくもなかった。

「なんていうか、特学の子だからできなくても当たり前というか、しょうがないみたいに、大目に見ているふうではありました。でも、ほんとに一生懸命やってくださったので、〝甘やかさないでください〟なんて言うつもりは全くありませんでした。息子は喜んで登校していましたし、私もとっても感謝していました」

ただ、このまま卒業する時まで特殊学級にいていいのだろうか……。学力の差はどんどん広がっていく。自分から動いて作ってもらった特殊学級だったが、その教育の有様《ありよう》を目にし、戸惑う教師たちを知るに連れ、恭子さんは再度壁にぶつかってしまった。

春――。

三年生になって、親学級の担任が変わることになった。新しい教頭も来たので、恭子さんは再々度ADHDについての資料を手に、学校を訪れた。校長も教頭も熱心に話を聞いてくれた。三年の担任は、小さいことには構わないドシっとした中年女性で、おおらかな人柄だった。他の親の中にはそのおおらかさが嫌だという人もいたが、恭子さんも裕太君も大歓迎だった。

この小学校では、以前から月に一回、教育相談日があった。恭子さんは必ずそれに出席するようにしていた。そうして、子どもが学校でどういう生活を送っているのか、また家庭ではどうかなど情報交換の場として利用していた。

「今までも、校長と教頭先生が対応してくれていました。でも、今度来た教頭先生が特に熱心な方だったんです」

そう言いながら、恭子さんはうれしそうに笑った。

「ADHDのことを話したら、積極的に勉強してくださいまして……。息子の成長ファイルも渡してあったのですが、しっかり読んでくれていました。それまでのファイルは学校の金庫に保管されていて、元担任ですらその存在を知らなかったんですよ。個人情報だから、という観点で大事にしまわれてしまったらしいんですが、そんなことしなくていいから活用してください、という気持ちでした（笑い）。しかも、今度の教頭先生は、裕太を見かけると声をかけてくれるんです。それまでの先生方は、無視はしないにしても、なんとかやり過ごそうという感じだったのですね。それもしょうがないと思うんですけど、今度の教頭先生は最初から違ったんです」

ADHDだから、声かけをしてくれたわけではなかった。もともと、子どもを見ると声をかけるタイプの教師だった。つまり、子どもに対するアプローチ方法がそれまでの先生とは異なっていたのである。

「今は、その教頭先生がいらっしゃるので心強いと思っています。でも、いつまでそういう先生がいらっしゃるかわからない。先生が代わるたびにまた一からやり直しですが、それでもいいやと思っています。このまま特殊学級でいいのかというような不安も、教育相談で話してみました。算数と国語は個別指導で、あとの理科や社会などの科目は親学級で見てほしいとお願いもしています。とにかく、悩みでも不安でも、私は教育相談で話すようにしているんです。胸襟を開いて、なんでもかんでもできるかぎり相談してみて、それで変わらなければまた考えよう、と思っています。いずれは特学から普通学級に戻してくれるようにお願いするつもりです」

黙っているよりは、疎まれようが話したほうがいい。お願いは、はっきりと言葉にしたほうが成功率は高いのかもしれない、そう恭子さんは考えることにしている。

さて、次に紹介するのは、近畿地方に住む純子さんのケースだ。彼女には、半年以上の期間をおいて二度に渡って話を聞かせていただいた。なぜなら、学年が変わったとたん、学校との関係で苦しむようになったと聞いたからである。

同級生の親とのあつれきに、途方に暮れて…

――校長と担任が代わった途端に学校との関係も悪化

入学当初、学校側は校長が先頭に立って、娘の美亜ちゃんのための受け入れ態勢を整えてくれた。介助の先生を入れ、教師たちもＡＤＨＤについて勉強し、積極的に声かけもしてくれた。他のＡＤＨＤの子どもの親が聞いたら羨《うらや》むような恵まれた環境だった。

もちろん、そこには純子さん夫妻の熱心な働きかけがあったからだが、誰もが前向きに対応してくれて、美亜ちゃんと純子さんのサポーターになろうとしてくれた。

最初に話を聞いた時は、そういう蜜月期だったので、純子さんは表情も明るく「幼稚園では全くうまくいかず孤立していましたが、ようやくホッとできる環境に巡り合えたんです」と喜んでいた。一年生のころは、非常にうまくいっていたのである。

ところが、二年生に進級して、校長と担任が代わったとたん、事情は一八〇度変わってしまった。学校側の理解はどこへ行ったのか、落ち着いていた美亜ちゃんのパニックはひどくなり、同級生との関係もうまくいかなくなる。幼稚園時代の闇の中へと逆戻りしてしまったのである。

「美亜ちゃんが家に帰ると言って学校を飛び出し、騒いでいます。我々が何を言ってもパニックして収拾がつかないので、すぐ迎えに来てください」

留守番電話の声は非常に興奮していた。

梅雨入りした六月のある日、時間は十時二十分だった。どうやら二時間目の休み時間にかかってきたらしい。午後二時頃、買い物から戻ってきてその内容を聞いた純子さんは、腰が抜けそうになるくらい驚いた。

「迎えに来い、と言うくらい緊急事態なら、私の携帯電話に連絡をくだされぱいいのに、と留守電を聞いて思いました。とにかくすぐ学校に電話してどうなっているか聞いたところ、〝今は落ち着いています〟とおっしゃる。でも、〝行ったほうがいいですか?〟と聞いたら〝はい〟と言うので、自転車を飛ばして直行しました。そして美亜を見たら……スカートのお尻が白くすり切れて、丸い穴が空いているんですよ！　新品のスカートですよ！　で、よく見たら、ブラウスのすそも破れている。何だこれは？　と驚いて、介助の先生に話を聞いたら、パニックして学校から飛び出た娘を、校長先生が追いかけ、何メートルか引きずって、力ずくで校内に連れ戻したのだそうです。そうやって引きずったため、スカートがすり切れたそうです…」

純子さんはポロポロ大粒の涙を流しながら、その時の事情を話す。

それにしても、穴があくくらい引きずり回す、というのは尋常ではない。パニックしたのは子どもだったのかもしれないが、教師側にも冷静な判断力がすっぽり抜け落ちていたことを示している。三十代半ばの介助員の説明はこうだった。

二時間目の休み時間に、美亜ちゃんは絵を描きたいと言い出した。ちょうど描く紙がなかったので、介助員が持っていたノートを一枚くれないか、とねだった。ところが、それは純子さんとの連絡ノートだったので、「これはあげられない」と断ったところ、「絵は描きたい、でも紙はない、休み時間は終わってしまう！」とパニックになり、教室を飛び出してしまった。

「確かに幼稚園のころから、しょっちゅう教室から出ていっていました。でも、敷地の外に逃げていってしまうことは一度もなかったんです。だから、よっぽどのパニックだったんだと思います。それで、介助の先生も追いかけたのですが、近くの駐車場に飛び込んでしまった。そのころ学校では、〝戻ってくるまで時間がかかり過ぎている。介助員には無理なのではないか〟と担任が校長先生に直訴していました。それで校長が血相を変えて駐車場まで飛んできたんだそうです。校長先生は〝おい、いい加減にしろっ！〟と頭から怒鳴りつけたので、美亜はますますパニックしてしまい、動かなくなった。それを見て、反抗したと捉えたんでしょうか、校長先生は怒って娘の両手を握り、嫌がる子どもを張り倒して、引きずって戻ってきたんだそうです」

スカートの穴は、その時にできたものだったのだ。それにしても……。

実は前述したとおり、純子さんと美亜ちゃんは、それまでわりと恵まれた環境にいた。もちろん、そうなるためには、母親としてのたゆみない努力があったのは言うまでもない。すでに五歳の時に診断を受けていたので、入学前には学校側に、娘の成育歴や行動パターンを記したファイルを持参して、ＡＤＨＤの説明に行った。一学期間は毎日一緒に登校して授業に付き添い、問題があれば学校と密に連絡を取り、対処してきた。学校での面倒な仕事も全部引き受けた。

学校側も、ＡＤＨＤを抱える子どもに対して何ができるのか非常によく検討してくれた。行政に申請して介助員をつけてくれたり、他の保護者への理解を得るための講演会を開いてくれるなど、全面支援の態勢を整えてくれたのだった。

ところが二年生になって、校長も担任も代わると、事態は急変してしまう。

具体的な引き継ぎがどこまでなされたのかわからなかったので、純子さんと夫は、挨拶を兼ねて校長と教頭に面会を求めた。そして、ＡＤＨＤの説明や対応策を書いた簡単な小冊子とビデオを持参して再度説明し、「よろしくお願いします」とお願いした。入学する時以上に、わかりやすく説明し、深々と頭を下げてきたつもりだった。

「でも４月当初から美亜はパニックするようになりました。はたで見ていても精神的に不安定だったのはよくわかりました。担任や介助員と意思疎通ができず、それをストレスに思っていたみたいなんですが……。もっとも、先生のほうも〝ＡＤＨＤって何？　どんな子なわけ？〟とわからないという感じでした」

担任はしょっちゅう電話をしてきて、学校での様子をつぶさに教えてくれた。だが、その会話の端々に「疲れるんです」というセリフが頻発することに、純子さんは戸惑った。

「いつも〝朝からずっと（美亜ちゃんはあの調子）なので疲れます〟とおっしゃいました。娘が疲れる子だというのは親が一番わかっているわけですが、それでも〝あなたのお子さんとつき合うと疲れる〟って言われることは、かなりこたえます。親としては、疲れるなんて言ってほしくないというのが本音です。私にどうしろと言いたいのか、どういうリアクションを求めているのか、まるでわかりませんでした」

その教師は五十代半ばのベテラン女性で、保護者のうわさでは規律に厳しいことで有名な先生だった。協調性のある、聞き分けのいい子がお気に入りだそうで、我が子との相性はよくないだろうと予感させた。その担任は、純子さんに向かってはっきりと「介助員のついている児童をどう扱っていいのかわからない。他の子たちにはどう説明したらいいのか…」と言ったそうだ。

「あからさまに説明しなくても、子どもたちのほうが適応していきますからとお願いしましたが、美亜のことをどこまで受け止めるつもりでいらっしゃるのか、姿勢がよくわからなかった。娘がパニックして学校から飛び出したのは、そうやって担任や介助員とうまく意思疎通ができずにいた六月のことでした」

事件のあった日、純子さんと夫は、美亜ちゃんに説明した。今日、あなたが学校から逃げ出したのは悪いことだけど、校長先生があなたを引きずったのも悪いことだ、美亜のことは、パパとママが絶対に守ってあげる、明日学校に文句を言ってくる…。

翌日、純子さんと会社を休んだ夫は連れだって学校を訪れたが、校長は忌引きで休んでいた。

「一か月以上も前に資料を渡したが読んでくれたのか」と対応してくれた教頭に聞いてみたが、「目を通したが、なかなか時間がなくて……」と言葉を濁す。怒り心頭だったが、気持ちを抑え、「これまでの一年間、非常にいい対応をしていただき、ADHDの子どもを持つ親の間でもモデルにしたい学校とまで言われていた。そういう良さを引き継いでいただけると思っている。ADHDはうちの子だけではない。ぜひ渡した資料を読んでいただき、勉強してほしい」という内容を角が立たないように申し入れた。翌日の夜、校長から「話を聞いたが、もう一度直接聞かせてほしい」と電話があった。

純子さんがもう一度学校に行くと、校長がいきなり話し出した。

――先ほど、美亜ちゃんがいきなり校長室にやってきて「何であんなことしたの？

アタシは腕が折れると思ったよ』と怒ったこと。それで「悪かった、ごめん、ごめん」とあやまり「でも、もう学校の外には飛び出さないでね」と言ったこと。事件のあと、渡されていた資料を読んで勉強を始めたこと。だから、これからもいろいろと教えてほしいということ……。

「担任は相変わらずですが、少なくとも校長先生や教頭先生は理解しようとしてくださっています。それだけでもありがたいことだと思っています。でも、この事件は思いもかけない方向へと発展したんです……」

思いもかけないほうへの発展…それは同級生の保護者との間に生じてしまったあつれきのことだった。

「この引きずり事件のころ、私は一年生の時から仲良くしていたお母さんに、学校の対応についてしょっちゅう愚痴っていました。彼女の娘さんも、乱暴だったり落ち着きがなかったりしていて美亜と傾向が似ていたことと、子ども同士仲が良かったので、かなり親しいおつき合いをしていたんです。ところが、ある日、いつものように電話で愚痴を聞いてもらっていたら、いきなり彼女が声を荒らげ始めたんです」

純子さんは突然頭の上に大きな石が落ちてきたかのような衝撃を受けた。

「〝今までずっと言おうかどうか悩んでいたんだけど、他の保護者たちがあんたのこと、どう見ているか考えたほうがいいんじゃないの？〟って。なんのことだかさっぱりわからなかったので、どういうことか聞いたら、〝だから、実際、あんたといると疲れるんだよ、みんな。一年の時の環境が良かったって言うけど、あれが普通だと思わないでくれる？　あの水準を求められても困るわけっ！〟とたたみかけるように、怒鳴り始めたんです。私はびっくりして、自分は何も特別な対応を求めているわけではないんだけど…と話したところ、〝実はね、前の担任の時から保護者の不満はすごくたまっていたのよっ。いつも二言めには美亜ちゃん美亜ちゃんって言っちゃって、こっちからしたら『はいはい、またですか』って感じ。病院の診断書さえあれば、ああいう特別待遇受けられるわけっ？　病院の診断ってそんなに偉いの？　診断書があれば特別扱い、なければ問題児扱いって、この差はいったい何なのよっ！　介助員という特別待遇だけじゃ満足できないなら、特殊教育の学級とか養護学校に行ったらどおう？〟って……」

そう話しながらも、純子さんが思いつめている様子はよく伝わってきた。当たり前なのだろうが、以前会った時のようなきらめきはどこにもなく、非常にやつれ、自信をなくし、あらゆることに不信感を抱いていた。大きな目からは、幾筋も涙が流れ落ちて、止まらなかった。

「そんな風に見ていたなんて全く知らなかったんです。その人のことは親しい友人だと思っていたんで…。そう言われても、私には何も言えませんでした。〝そうか…じゃあ、どうすればよかったんだろうね〟とだけ言って、電話を切りました。私たちは何も特別待遇を求めていたわけではなかったんです。ただ、他のお子さんと同じように扱うと、先生のほうが大変になるし、他のお子さんにも迷惑をかけるからADHDについてわかってほしい、とお願いしただけだったんです。介助員も、娘のためでもありますが、他のお子さんのためにもなると思っていました。でも、それが他の保護者には〝特別扱いをしてもらっている〟と映っていて、不満が積もりに積もっていたんですね。でも、いったいどうすればよかったのか……」

消え入りそうな声でそう言って、また黙ってしまった。

確かに、一年の時の担任は「美亜ちゃんがこうしました」「美亜ちゃんが頑張りました」と、ことあるごとに保護者会でほめてくれていた。純子さんの目から見ても、それは少々ひいきしているように見えなくもなかったのだが、よくしてもらっているからこそ、こちらから担任に〝ひいきするな〟と申し入れることはできなかった。

同級生の保護者たちにカミングアウトしたのも、一つは学校側からの要請で一日中授業に付き添わなければいけなかったためだし、その後は介助員をつけてもらったので、それらの説明が必要だと思ったからだ。

決して「うちの子は特別だから」というつもりはなく「非常に疲れる子なので、みなさんに迷惑をかけないためにできるかぎりのことはいたします」という謙虚な気持ちからだった。

もちろん、誰もが快く理解してくれるとは思っていなかったし、陰で悪く言う人がいたのも知っていた。だが、理解者であると思っていた友人に言われたことは、本当に青天の霹靂《へきれき》で、辛く、悲しいことだった。

「現状に甘んじていたつもりはなかったんですが……。〝あんたといると疲れる〟と言われてから、私、自分がどう振る舞えばいいのか、わからなくなってしまったんです。二年生の保護者たちにもＡＤＨＤについて理解を求めるのは必要だと思っていたんですが、学校に行くのが怖くなってしまいました。というのも、他の人が〝ＡＤＨＤって何よ、だから何だっていうの？〟っていう感じになるのもわかるからです。三十人子どもがいれば六十人親がいます。その六十人全員の理解を得るなんて、不可能ですから……。学校側にはお願いでも何でも、いくらでも言えます。でも、保護者には言えません。特にそういう反応が返ってきた時、一体親はどうしたらいいのか……」

担任は代わる。学校も、いずれは卒業する。

だが、保護者は、地域に密着した存在だ。中学校に行こうが、高校に行こうが、そのエリアに住んでいる限りなんらかの関わり合いは続く。ずっとつき合う関係だからこそ、相手がどこまでわかってくれるのか臆病になるし、深い関係が築きにくい。

純子さんも、また暗い迷路に迷い込み、出口が見えなくなってしまった。

眠れなくなり、朝も起きあがることができなくなった。一日のリズムが完全に狂い、部屋から出ることができない。五歳で娘がＡＤＨＤと診断されて以来、心の中で張りつめていた緊張感が音を立てて崩れていくのを、純子さんは聞いたような気がした。

「ＰＴＡの役員を引き受けていたんですが、その会合に出ることも辛くって……。ＰＴＡの人たちは、よそのクラスの方だったので〝うちの子のこと、何か聞いている？どう伝わっているか、教えてくれる？〟と聞いてみました。話を聞くと、好印象に伝わっているみたいではあったのですが、それでも不安感は拭えません。〝聞いてくれればなんでも話すよ〟と伝えた時も〝そうだよね、自分で伝えていったほうがいいよね〟と言ってくれましたが…」

本当のところはどうか、わからない。

純子さんは、少しでも理解者を増やしたいと思い、娘の入学以来、積極的にPTAの仕事を引き受けてきた。他のクラスの人と交流を深めるのも、大事なことだと思っていたからだ。それは娘のためだけではなく、自分のためでもあったのだ。

「親だって、サポートしてほしいんです。話を聞いてくれる人を一人でも増やしたいんです。でも、それが〝特別待遇を求めている〟とか〝文句があるなら特学に行け〟ということになるなら、どうしたらいいのでしょうか？　本当にわからない…」

二年生に進級し、新しいクラスになった時、担任は保護者会で「美亜ちゃんには介助員がつきます」とだけ説明し、理由については何も触れなかった。

何も言わなければ言わないで、うわさになる。実際、美亜ちゃんがＡＤＨＤだということだけは広まっているようだが、ではＡＤＨＤが何なのか理解しているかといえば、そうでもない。不正確であやふやな概念だけが一人歩きしているのである。

「美亜が生まれた時から、強い人間にならなくちゃいけないと思っていました。幸い、夫はとても育児に積極的で理解もありましたし、私の親兄妹も応援してくれましたから孤立はしなかったんです。だからこそ、家では泣いても外では泣くまいと、歯を食いしばってきたんですが……。そういった頑張り方も考え直さなければいけないのかもしれない、と思っています。新しいクラスの保護者にも、いずれはADHDについて話をしなければ、と思ってきました。でも、今の私にはその勇気はないんです。資料を配ったり、説明することそのものが、押しつけになるのかもしれないと思うと、手も足も出ない……」

そう純子さんは言って、涙に潤んだ目で弱々しく微笑んだ。

純子さんたちが住むエリアが、特に人間関係上のトラブルが多い地域というわけではない。ただ、現実的な問題として、たとえ学校側とうまくいっていたとしても、その担任が異動してしまうと、次の先生に申し送りがちゃんとされるかどうかの保証はない。保護者もみんながみんな理解のある、関心の高い人たちとは限らないし、理解があったとしてもいつも寛容だとは限らない……。

純子さんの場合は、こういう悪い条件が重なってしまった。それは筆舌に尽くしがたい悲しみだと思う。悪意と無理解をぶつけてくる人は、どこに行ってもきっといる。しかし、理解してくれる人も同じくらいいる、と信じたい。

学校側が理解を示し支援してくれても、他の保護者とうまくいかない純子さんのようなケースはとても多い。本当に手強いのは「他の児童の親」という第三勢力なのだ。次に紹介する聖美さんも、この第三勢力の対応に悪戦苦闘している一人だ。

「ADHDの子は危険！ うちの学校から出て行け！」

——ADHDの実態を知らないのに、無責任に責め立てる親たち

「今、針のむしろです」

と、語る聖美さんには、小学校三年生の息子と一年生の娘がいて、親子四人で東京近郊の県に住んでいる。三年生の長男・拓海君はADHDとLDを抱えていて、現在、週に二回、情緒障害児学級の通級教室に通いながら地元の小学校で勉強している。

学校側は拓海君の入学には万全の準備をしてくれた。教師たちは決して無関心ではなく、専科の教師を副担任にして細かい指導や声かけをするよう心がけるなど、いろいろと工夫もしてくれていた。学校側としては、情緒障害児である拓海君をみんなで見守っていこう、という姿勢だった。

それでも、聖美さんは、入学直後から二年生の二学期の終わりまでは、事件や事故

が起こらないよう、毎日一緒に登校し、学校が終わるまで息子に付き添った。

これは、学校側の希望ではなかった。学校ではなく、保護者からの要請だったのである。そう、問題はやはり、保護者の間から起こったのだった。

「〝拓海君みたいに危ない子がいると、他の児童に危険が及ぶ。だから、親は毎日一緒に登校して、監視してくれ〟って言われたんです。うちの子はADHDの中でも、衝動性が非常に強いタイプなんですね。いくら注意をしても、つい乱暴なことをしてしまいます。最近も、一学年下のお子さんを棒でぶったそうで、大問題になってしまいました。そういう事件があったので、一時中断していた学校への付き添いを、また再開したんです。今は、朝一緒に登校し、二時間目の休み時間に一回家に戻り、昼休みにまた行って、それで一緒に下校する、という感じですね」

あやまりに行くのは、いつも息子と一緒。その二年生の親のところへも、息子を連れて行った。

「その方のところにも、棒でぶったと聞いて駆けつけました。でもまあ、みなさんそうなんですが、納得していただけないと言うか…。この方にも言われました。〝お宅のお子さん、ADHDなんでしょっ！　なんか衝動性に効くリタリン（中枢神経刺激剤）っていう薬があるそうじゃないの。どうして、親のくせにそれを飲ませないの？〟ってて。みなさん、ＡＤＨＤがどういう障害か、実態は知らないのに、おぼろげにはよくご存じなんです。例えば『リタリン』という言葉とかね。で、私が〝うちの子にはリタリンは効かないんです。この子の場合、てんかんもあるので、てんかんの薬がリタリンと同じような効果をもたらしてくれているんです〟と説明するとお怒りになる。〝そのてんかんの薬が効いていないからこういう乱暴なことをするんでしょっ！　うちの子は、お宅の子に棒でぶたれたのがショックで、夜も眠れないんです。うんうんうなされていますよ。どうしてくれるんですかっ！　親としてどう対処するつもりなんですか！　とにかく、四六時中監視するべきでしょっ！〟って…。まあ、それで、また一緒に登校し付き添うのを始めたんですが…」

そう言いながらも、聖美さんは深くため息をついた。

その親から怒鳴り込まれた時、もちろんすぐさまあやまりには行ったのだが、学校にも確認の電話を入れていた。すると、学校側は「えっ、本当なんですか？　でも、もしそういう事件があったら、我々が気がつかないはずはないんですけど…」と言うのだ。

拓海君が乱暴であるのは、入学前の就学時健診の時から学校に相談してある。学校側は、彼が療育を受けていることも知っていたし、医師にかかって薬を処方されていることも知っていた。だから、棒やコンパス、ハサミなど、危なそうなものはすべて担任が預かっていて、副担任も非常に目を配っていた。だからこそ学校側としては、自分たちの知らない間に、「被害者の子どもがショックでうなされるくらいひどい殴打事件が起こっていたとは」と驚きを隠せなかったのだ。

「先生が知っていたら、絶対に止めているはず…。でも、相手の親御さんがそうおっしゃるなら、きっとやったのだと思いました。拓海が乱暴なのはホントのことですから……。ただ、時々、ホントにうちの子がやったのかなあ、と思うケースもあるんです。でも、そんなこと、口に出すわけにはいかないでしょう? そうじゃなくても、息子の存在は、今、学校中の問題になり始めています。具体的に拓海の名前が出ているわけではないのですが、PTAが中心になり、他学年の保護者たちにも〝不満に思っていることがあったら話してくれ〃と調査用紙を回しているんです。PTAとしては、うちの子の問題がどこまで広がっているかを把握し、対応を考えるために調査することにしたらしいのですが…。もっとも、調べた結果、〝親のあやまり方が気に入らない〟などと考えている人が少なからずいることもわかりました」

これは聖美さん自身が、少しでも学校と関わろうと思って役員を引き受けているからこそ、知り得た話。確かにPTA会長のところに直接クレームを言う人もいたのだ。

「あやまりに行ってもなかなか納得してもらえない状況なんです。あやまったらあやまったで〝あやまり慣れている〟と文句を言われ、療育を説明しても〝その対応が手ぬるいからこういう問題が起こるんだ〟と怒鳴り返される。あげくに〝LDだのADHDだの、そういう親の会の活動なんかしているから悪い。会の活動にかまけて、子どもに手をかけていない〟とまで、言われてしまうんです。親の会に入らないと、どう育てたらいいかわからないし、情報すら集まらない。そういうことは全く理解してもらえなくて、とにかくもう存在自体が許せないって感じなんですね」

ならば、一週間でいいからあなたが預かってくれって言いたいですよ、と聖美さんが冗談を言った。ADHDの子どもがどれだけ大変か、資料で見聞きした程度ではなかなか想像などつかないだろうに、そういうリアリティは他の保護者には伝わらない。

実際、昨年、二年生の時には「拓海君を転校させよう」と言い出した親もいた。

「その方のお子さんとはクラスは違ったんですが、休み時間にたたいたようなんです。

もちろん、その時もすぐさまあやまりに行きました。その場では、〝そんなにあやまらないでください。いいんですよ～、拓海君いい子だし…。これから気をつけてくだされば〟なんておっしゃっていたんですが……」

それなのに、その人は、驚くような反撃に出た。彼女が中心となって、他のクラスの保護者に声をかけ、拓海君転校署名運動を始めたのだ。

「その方とは、ＰＴＡ役員も一緒にやっていて、全く知らない仲ではなかったんです。拓海の状態についても話をしていたわけですし…でも〝子どもたちを守るためには拓海君には、うちの学校から出ていってもらうしかない、他の学校で特殊教育のための学級に行けばいい〟とおっしゃっていたそうです。正義感からの行為だったんでしょうけど、この話を知った時は、一体自分は誰を信じたらいいのか、本当にわからなくなってしまいました」

結局、その言い出した本人一家が他県に転勤になったので、この署名はなし崩し的に雲散したのだが、そのとき多くの保護者が賛同したのも、また事実だった。それが聖美さんを苦しめた。

「仲のいいお母さんにさえ、〝拓海君がうちの学校に来たのは間違いだったよね。私の知り合いにも情緒障害の子がいるんだけど、その人は迷うことなく特殊教育のための学級に行ったんだよ。で、今、親も子も元気にしているよ。そういう学級はこまめにケアしてくれるから、その子にとってもすごくいいみたいで、明るく暮らしているよ。やっぱり聖美さんの選択は間違っていたんだよ〟と悪気なく言われるんですから、もう八方ふさがりですよ…。この方には、詳しい説明をしていて、ADHDやLDがどういう疾患で、どういう療育が必要なのかよおく伝えているつもりだったのに、ですよ。拓海には今の療育がいいと専門家も言っているから、そうしているのに…」

本当に思いが伝わらない。

自分の説明も悪いのだろうけど、何を言っても「また、お宅の子だ」「お宅の子さえいなければうまくいく」「この学校にいては困る!」と連発される。

そもそも自分の子どもに欠けているのは、ある種の社会性だ。その社会性は集団の中でしか学ぶことはできない。少数精鋭の特殊教育は〝集団の中での行動〟を教えるには、思いのほか適さない場合が多い。

だが、他の子の親にしてみれば、「お宅の子どもの練習台にさせられるのはたまらない、そのために怪我までさせられるのは納得がいかない」ということらしい…。

聖美さんは「それでも仲のいい友達がいてくれるから、私はなんとかやっていける」と繰り返す。その仲間は、彼女の命綱でもある。

「私も最初は、情緒障害児のための学級のほうがいいのではないかと思って、見学にいったんです。でも、そこに来ている子どもは他の障害のあるお子さんばっかりでしてね。しかも八人のうち六人が登校拒否をしていました。担任の先生も特殊教育の専門家ではなく、たまたま異動で転校してきた先生でした。そこに、うちの子のように乱暴な子どもを入れるわけにはいかないでしょう?」

聖美さんは、はっきりとした口調で話し続ける。親のエゴ丸出しで、今の普通学級に進級させたわけではない。それだけは、自信を持って言いたい。

「他の特殊教育の学級も見学したんです。でも、今度は学校側から〝こんなに危険な子どもは預かれない〟と、はっきりと言われました。〝うちには足の悪いお子さんも、体が不自由なお子さんも来ています。そういう子どもたちの命だって預かっているんです〟って…。そこまで言われてしまうと、もう本当に選択肢がない。それで、就学時健診を受ける前から、公的な療育センターにも通ったし、就学時相談にも通っていたんです」

そもそも聖美さんが、拓海君について「あれっ?」と思うようになったのは、一歳半のころ。そんなころから「どうも他の子どもとは違う」と感じていたので、幼稚園に入園するとすぐに「息子の様子はおかしい」と聖美さんは気づいたのだった。

集団行動がとれず、他の子どもをぶったり、けったり、かみついたり……。

そのことを園に相談すると、地元の心身障害児センターを紹介され、そこでなんらかの発達障害だろうと診断された。四歳一か月の時だ。以来、幼稚園には毎日付き添い、二週間に一回は、同センターの訓練プログラムを受けるという療育を続けてきた。

だが、療育中、心理の先生と一対一のときは、まず問題が起こらない。問題行動は、いつも幼稚園で、みんなと遊んでいるときに起こるのだ。思い通りにいかないから手が出る、足が出る。まさにADHDを抱える子の特徴である「集団の中に入るとうまくいかない、人間関係のつくり方がわからない」子どもなのだ。

「年長時代に、ハサミで友達の耳を切ってしまうという事件があったんです。その日はハサミを使っていたそうなんですが、先生が〝しまいましょう〟と言っても息子はもうちょっと使っていたかったんですね。それで、しまいたくないとハサミを振り回した時に、仲のいいお友達の耳に刃先が触れて、すっと切れてしまったんです」

耳とはいえ、頭部の傷は出血が大きい。その子の親には、すぐさま飛んでいって平あやまりした。相手も事情を理解してくれて、とりあえず大事にはいたらずに済んだ。ところが、小学校に入学するまでのわずか数か月の間に、この話は、他の幼稚園に通っている、市内中の親に広まってしまったのだ。

「どうも、あそこの拓海って子は、乱暴で、危険らしい」と。

「結局、今は何をやっても、何を言ってもダメですね。学校側の対応には満足しているんですが、こういう保護者間の問題には学校側も関与できないでしょう？　中には面と向かって〝お宅のお子さんも、いずれテレビで報道されるような悪者になったりするんじゃないのか〟とおっしゃる保護者の方もいらっしゃいます。冗談じゃないですよね。そんな誤解の中で、息子は自分をコントロールできるようになるための訓練を毎日しているんです。だから私は、今は何を言われても、マイペースでふんばろうと思っています。とにかく、一人でも理解のある人を減らさないようにするしかないって感じです。増やすどころか、減らさないようにすることで、当面精一杯です」

子どもにまつわる問題は日々の問題でもある。少しずつ、できることから処理していくしかない、味方はきっといると、聖美さんは覚悟を新たにしている。

一方、ＡＤＨＤだと診断される前の行動が原因で、仲良くしていた友達の親から拒絶されたのが、近畿地方に住む佳希君だ。ＡＤＨＤの診断を受けたあとも、お母さんの歌織さんは他の子どもの親たちと、どのようにつき合ったらよいのか方向性が見えず、とても混乱したと語っている。

「お母さん、僕に毒ちょうだい」と言って泣いた佳希君

——友達のお母さんから、「佳希君と遊んじゃダメ」と言われて…

佳希君が赤ちゃんの時から、歌織さんにはなんとなく気になる点があった。初めての子どもだったので過去の経験と比べることができたわけでもないし、具体的に兆候があるというような、根拠があったわけではなかった。それでものどに刺さった小骨のようにその〝ひっかかり〟が気になっていた。一歳半の健診のあと、保健所の育児相談を受ける気になったのも、そういう理由からだった。

「たとえば、言葉が遅かった。三歳半でやっと二語文でしたから。耳が悪いのかと思って耳鼻科で調べてもらったこともあるんですよ。言葉が遅いせいか、コミュニケーションがうまく取れない気もしていました。児童館に連れて行くでしょう？　でも行

っても一人で遊んでいるんです。三歳四か月で三年保育に入れましたが、その時は自分の名前も言えませんでした。『とやまよしき』の『き』とか『ぎゅうにゅう』の『う』など最後の音しか発音できなかったりとか……。幼稚園に入った夏頃から、言葉の教室にも通い始めたので、発音の不明瞭さはずいぶんよくなってきたんですが、友達と遊べないことには変わりがありませんでした」

友達と関われないから、特に、トラブルは起こらない。

幼稚園の先生も「他の子どもが遊んでいるのを楽しそうに眺めています。眺めることで、一緒に遊んでいると思っているようですね」と好意的な見方をしてくれていた。

言葉の発達は相変わらずなところもあったが、特に登園を嫌がることもなく、この頃は親としても深刻に悩んでいたわけではなかった。

さざ波は、小学校に入学して、佳希君の友達の親の間から起こってきた。

佳希君には、近所に仲のいい友達がいた。同じ小学一年生、同じクラス。学校でも放課後も日が暮れるまでずっと一緒の大切な友達。家も近いことから、母親同士も仲良くなり、息子たちが仲良くしている日中、ランチをともにすることもあった。

夏休みも終わって、学校に戻った九月のある日——。

「佳希が家でポツンとしていたんです。それで今日はその子と遊ばないのか聞いたんです。そしたら、息子はこう言ったんですよ。〝遊ぶ約束しようとしたねんけど、あの子な、お母さんから僕と遊んだらあかんって言われたんやって〟って…」

歌織さんは何かの間違いではないか、あるいは子ども同士のちょっとした行き違いではないかと思い、その仲良しのお母さんに電話してそれとなく聞いてみた。

「そしたら…。そのお母さん、こうおっしゃったんです。〝お宅のお子さんと一緒にいると、うちの子の命が危ないかも知れないやの〟って」

そう言うと、歌織さんの目から大粒の涙が一粒、膝の上に静かに落ちた。

「仲良くしていたんですよ、本当に。私も佳希も……。だから、突然の宣告だったんです。どういうことなんでしょうか、とやっとの思いで聞いてみたら〝佳希君はふざけてるつもりかもしれないけど、うちの息子にドスンとぶつかったりしてくる。道路でそんな乱暴なことをやられて、車にでもはねられたら、うちの子は死んでしまうやないのっ！〟って」

歌織さんは、自分の脈がドクドクいうのを聞きながら、やっとの思いで「ごめんなさい」とだけ言い、電話を切ったのである。ひどくショックを受けたのだが、すぐに担任に電話をして、学校での様子を詳しく聞いてみることにした。

担任の話では、二人は確かに仲がいいらしい。授業中もよくふざけていること、たたいたりしたこともあったけど、怪我をしたことはなかったなど、教えてくれた。

「なんで、急に？　という疑問が頭の中でぐるぐる回っていました。〝今まであれだけ仲良しやったのに…。今までもずっとそんなふうに思ってはったの？　それなのに仲のいいフリをしてはったの？〟って、答えの出ない質問を、何度も何度も繰り返しました。そして、あの言葉は息子に対するものというよりは、私に対するものじゃないかと思ったんです」

この親子だけではなかった。佳希君は、二学期に入ったころから、少しずつ、周囲とうまくいかなくなりだしていた。学校に入って、いろんな友達と遊ぶようになったためか、他人から見て〝問題〟と映る行動が増えてきてしまったのである。

「小学一年生の九月を過ぎる頃から、毎日担任の先生から電話がかかってくるようになりました。今日は○○ちゃんの頭をたたきました、今日は××君のお腹をどつきましたって…。思い通りに事が運ばないとパニックを起こしたりもし始めたんです。自分の机の中のものを放り投げる、持ち物を友達にぶつける、泣き叫びながらゴミ箱に捨てる……。先生から、そういった行動をしていると指摘もされました。親としては、幼稚園時代と比べると、自分で約束を取り付けて遊ぶくらい成長してくれたと喜んでいたんです。でも、言葉がうまく出てこないぶん、すぐ手が出てしまっていたんですね……」

うちの子は人とコミュニケーションが取れないかもしれない。

友達ができないかもしれない。

小さい時から佳希君の成長に心を砕いてきた歌織さんにしてみれば、二学期の行動は予想外のものだった。うまく溶け込めないかもしれないと心配こそすれ、友達をたくようになるとは考えもしなかったからである。

佳希君の担任は四十代前半のベテラン女性教師。学校での行動について指摘はしたものの、「どういうしつけをしているのか」などと非難することはなかった。

むしろ、「ささいなことでもいいから教えてほしい」と、入学時に要望したのは発達の遅れを気にしていた歌織さんのほうだ。それで一つ一つ淡々と「事実だけを伝える」という姿勢を貫いて、担任はこまめに連絡をくれていた。

そうやって、学校側と密に情報交換をし、息子の状態はできる限り把握していると思っていたからこそ、この友達の母親の電話にはものすごいダメージを受けてしまった。それまでの子育て、親としてのあり方のすべてを否定されたように思い、それも仲良しと信頼している相手からの言葉だったので、正直、歌織さんはすぐには力を取り戻すことはできなかった。

「佳希には〝もう、あの子とは遊んだらあかん〟とだけサラッと言いました。なぜ遊んだらいけないのか、理由は何も言わなかったし、本人のことを問いつめることもしませんでしたね。本人は、見た目にはショックを受けた様子はなかったんです。〝ふ〜ん〟みたいな感じで、おとなしく聞いていたと思います」

だが……。

問題行動はこのあと、二学期の半ばくらいからますますひどくなっていったのである。友達をたたく、突き飛ばす、自分も泣く、わめく。そういう問題を起こすたびに、あの母親の「うちの子の命が危ない」という言葉が頭の中で再生され、歌織さん自身がどうしたらいいのかわからなくなってしまう。結果、いけないと思いつつ、ますますきつい言葉を息子に投げつけてしまうのだった。

「何回言うたらわかるのっ！　お友達に乱暴なことをしたらあかんでっ！」

「あんたのせいでみんな迷惑してるんやで！　みんな嫌な思いしてるんやっ！」

「今日はあんたが休んだから、みんな平和な一日を送ってはるわ」

「そんなに親の言うことを聞かない子は、お母さんの子どもじゃなくてもいい」

何回注意しても、どれだけ叱りとばしても、際限なく同じことを繰り返す息子に、歌織さんはほとほと参っていた。親として、ちゃんと育てたいと思うからこそ、注意もし、その行為を責め、手も出し足も出した。それでも、息子の行動は変わらなかった。

歌織さんは、何かを言おうとして、ちょっと黙ってしまった。

そして、しばらくしてからようやく、悲しいことを口にしたのだった。

「そうやって一年生の二学期は本当に想像を絶するしんどさでした。でも、そのうち佳希が変わってきたんです。変化というか……佳希、自傷行為を始めたんですよ。自分で頭を壁にぶつけたり、自分の手で首を絞めたりし始めました。佳希は明らかに、自分で自分を傷つけようとしていたんです」

そんな佳希君の姿を目の当たりにしても、歌織さんにはどうしたらいいかわからなかった。なぜ、そんなことをするんだろう。息子の行動は母親の目にはとても不可解に映った。そして、一年生の十二月――。

「お母さん、僕に毒ちょうだい……」

キッチンで夕飯の支度をしていた歌織さんは、一瞬、息子が何を言っているのか理解できなかった。

「えっ？　佳希、今、何言うたん？」

驚いて聞き返した歌織さんに向かって、佳希君は目にいっぱい涙を溜めて、もう一度同じ言葉を繰り返した。

「……だから……毒ちょうだい。僕なあ、もう死にたいんや」

歌織さんは「これは絶対におかしい」と確信し、「子どもの心理相談」をやっている小児科に、大急ぎで息子を連れて行った。だが、そこではちゃんとした診察ができないと言われ、大学病院を紹介される。ＷＩＳＣ（ウエスラー児童知能検査）や脳波などの検査を受け、佳希君はＡＤＨＤと診断された。しかも、医者は二次障害も出ていると説明したのである。

「二次障害って何？　って感じでした。多動なだけじゃないの、とばかり思っていましたから。それですぐさま、本を買って勉強して……。そしたら佳希に当てはまることがたくさん書いてありました」

歌織さんは、診断後、非常に落ち込んだ。「私の育て方が悪かったわけじゃない」と、ホッとしたのもほんの一瞬だけ。その次の瞬間には「じゃあ、もう一生このままなんだ」と思ってしまい、しばらく何をする力もなくなってしまった。

だが、放っておくわけにもいかない。診断を受けたあと、歌織さんはすぐ学校に連絡し、話を聞いてもらった。担任と校長と教頭先生が同席してくれた。幸いなことに学校側は非常に協力的で、要望があったら何でも言ってほしいと話してくれたそうだ。

「それだけじゃないんです。ＡＤＨＤについてもっと知りたいとおっしゃり、主治医のところまで会いに行かれたんです。ＡＤＨＤを抱える子どもは佳希君に限らないはずとおっしゃって、担任と養護の先生がお二人で、行ってくださったようでした。そこで、主治医からいろいろと対応策をお聞きになり、早速息子の席を教室の一番前に変えてくれました」

問題が起こるかも知れないから遠足は休ませたいと言うと、介助のためにボランティアの人を頼んでくれる。ふだんから休み時間には佳希君に声をかけてくれる。そういった気遣いの一つ一つが、親としてありがたかった。

しかし、二年生の一年間は苦難の連続だった。他の子どもの保護者たちにはADHDのことをオープンにしていなかったためか、学校でのちょっとした行動が、大袈裟になって他の親の間に広まっていくようになったのだ。

例えば、こんな事件があった。

ある日、他のクラスの親から非難の電話があった。

「富山さん、ご存じないのっ！　お宅の佳希君、今日授業中にハサミを振り回して、お友達をもう少しで失明させるところやったのよ！　ホントに何も知らんの？」

あわてて学校に電話をしてみると、担任の説明は全く違うもの。何かでパニックに陥った佳希君が、ハサミで自分の髪の毛を切ろうとしたのである。確かに自分の髪を切ろうとして一瞬、友達にハサミの先を向けたかも知れないが、相手を傷つけようとしたとか、失明寸前の事故が起こったなんてことはなかった。

「そんなこと、担任の私が知らないはずありません。ハサミはすぐに取り上げました」

担任はそう穏やかに話し、「だから、お母さん、心配しないで」と付け加えた。

だが、うわさはうわさを呼ぶ。わずか数日の間に、この「失明寸前事件」は二年生中の親の間を駆けめぐってしまった。そして、事実が歪曲され、「いつも乱暴がひどくて、他の子に怪我をさせる佳希君」というイメージが定着してしまったのである。

「この頃から、私は他のお母さん方とはうまくつき合えなくなりました。顔にすり傷ができても、〝佳希君にひっかかれた〟なんて子どもが言うと、親が怒鳴り込んでくるんです。〝友達の顔を足でけった〟〝物を友達に投げつけた〟……。そう連絡があるたびに、私はあっちこっちに飛んでいって、ひたすら頭を下げ続けました。佳希に聞くと〝ジャンプしたら友達の足に当たった〟〝物を投げたら間違って腕をかすってしまった〟などと、故意にひどいことをやったわけじゃなかったりもしました。そのうち佳希がやったことではなくても、佳希のせいにされるようになっていったんです」

歌織さんは照れたような悲しいような顔をして、「結局、そうやって、私自身が追いつめられていったんですよね」と話す。

一方、学校側の対応は歌織さんにとって救いのあるものだった。

他の保護者たちが地域で歌織さんを追いつめていくのに対し、できる限りバックアップしようとしてくれたからだ。「教師の間ではお母さんのほうが心配という声があるんですよ」と教頭が連絡をくれたり、歌織さんが思いつめないように、学校での佳希君の様子をまめに報告してくれたりもした。佳希君に対しても、対応は温かかった。

担任は、彼を給食の配膳係に任命し、うまく作業ができるとクラス全員の前でほめた。そうされることで、佳希君は「認められた」という思いを強くする。それが「毒を飲みたい」とまで言った彼にはうれしかった。

ＡＤＨＤを持つ子にとって、このように小さな自信をつけていくことはとても大切なことだ。いや、子どもに限らない。親にだって自信も応援団も大切なのだ。

二年生の九月からリタリンも再開した。一年生の十二月に飲んだときは、全く体に合わず、水を飲んでも吐いたので、今度は量をかなり減らしてスタート。最初は食欲がなくなったが、しばらくすると薬の効果が出てきて、少し多動が治まり、集中できるようにもなってきた。家庭でもむやみやたらと叱りとばすことはやめた。

そういった複合的な対応が少しずつ功を奏してきたのだろう。佳希君は二年生の後半には、比較的行動が落ち着いてきて、トラブルも減っていったのである。

「三年生に上がるときに、クラス替えがありました。そこで、学校側も考慮してくれて、佳希にちょっかいをだしてくる子とは別のクラスにしてくれたんです。今のクラスには、息子のことを少しでも理解しようとしてくれる子どもたちがたくさんいました。担任も、ＬＤの子どもを教えた経験のある方をつけてくださいましたし……。

校長先生と教頭先生がおっしゃるんです。〝卒業したら、学校は子どもたちのことをフォローできない。地域社会に理解がないと、どんな子どもも生きていくのはしんどい。だからこそ学校は、地域に向かってもフォローしていきたい。社会にはいろんな人がいるんだ、いていいんだということを子どもたちに教えていきたいのだ。目が見えないから困るではなくて、見えないということは見ることが苦手ということ、ならばどうしたらいいか、そういう人に対して自分は何ができるのか、ということを考えさせて、教えていきたい〟って」

歌織さんはそう言いながら、また大粒の涙を流した。こういう先生のいる学校では、保護者の誤解も少しずつ解けていくかもしれない。

「ＡＤＨＤと診断されたからといって、すぐさま理想的な対応ができるようになるかというと、そんなことはないんです。半年くらいは、前向きな行動などできませんでしたから。ちょうどその時期、私はパソコンを買いました。そして、ネット上で、同じ障害を持つ子の親たちと知り合いになったんです。近所に理解してくれる友達がいなかったとしても、ネット上で知り合った人たちがホントの友達になった。そして、私を応援してくれた。だから、私も息子の応援をすることができたんです」

問題が解決したわけではない。でも、小学一年生の二学期のころよりはずっとまし、と歌織さんは笑う。歌織さんはもう孤独ではない。

「今は、佳希のプラスの面を伸ばしたい。できないことを克服する訓練を続け、彼の得意な面を伸ばすような教育をしていきたい。学校がダメでも、いずれ職業に結びつく何か、自分で食べていける何かが見つかればいいじゃないですか？　それからADHDの知識も正しく広めたい。私自身が何も知らなくて、息子のことを守ってやれない時期がありましたから……」

正しい知識が広がれば、社会全体が息子の、いやADHDなど一見しただけではわからないような障害を抱える人たちのサポーターになってくれるはずだ。そう、歌織さんは考えている。

「例の、遊んじゃいけない、と言われたお子さんですが、三年生になったらまた佳希とよく遊んでいます。親は反対しているのでしょうが、子ども同士はホントに仲良し。お互いのこと、とっても好きみたいなんですよ」

待てば海路の日和あり、思いはきっと通じる。

では、学校側に支援態勢がなく、他の保護者の理解も得られないとき、親としてはどういう対策が考えられるのだろうか？

次に登場する、東海地方の奈緒子さんのケースがまさにこれにあたる。彼女は、一番初めに登場した里佳さんと同じように、転校という手段を考えた。

それも、引っ越ししたり、私立の学校やフリースクールなどを選ぶのではなく、地元の教育委員会と転校先の校長に直談判して、別の公立小学校へ越境入学させるという道を選んだのである。

担任に「問題児」と決めつけられてからいじめに…

——対応に無関心な学校に見切りをつけ、新天地を探す

「同じ市内の学校でも、校長や担任が変わるだけでこうも対応が違うのか、と正直驚いています」

奈緒子さんは、開口一番そう語った。奈緒子さんの次男の樹君《いつき》は、現在小学五年生。

二年生の三学期にADHDの診断を受け、リタリンを飲みながら、自分をコントロールする術《すべ》を身につけようとしていた。

「四年生の一学期、ゴールデンウィークが明けたころから登校拒否になりました。

ところが、学校から〝無理に来なくても…〟とやんわりと告げられましたので、私も学校側の対応に幻滅し、もう行かなくてもいいと息子に言いました。それでも友達に会いたくて、六月にはいったん登校し始めるのですが、学校の対応は変わらず、学級崩壊も進んでいました。そういったことすべてが息子のせいにされていましたから、これ以上のことは期待できないと見切りをつけ、七月に市の教育委員会に掛け合い、隣の学区の小学校に越境入学させてもらえるように交渉しました」

新しい校長と話し合い、二学期から転入できた。するとどうだろう。

樹君の表情はみるみる変わり、成績も上がり、何よりパニックになることが減って、少しずつ自信を取り戻してきたのである。そういった変化があまりにもはっきりと現れたので、親は「なぜもっと早く、こういう選択をしなかったのだろう」と悔いたほどだった。

だが、ここにいたるまでの道のりは非常に険しかった。

小学校入学以来の丸三年、母子はどうしたら学校側に受け入れてもらえるのか、同級生の親たちの理解を得て、満足のいく教育を受けられるのか…暗中模索する日々を送っていたのである。

小さいころから、奈緒子さんには〝樹はどこか違う〟という意識があった。ハイハイがうまくできず、左足を引きずるようにしたり、水がたまっているのを見ると、冬だろうが裸になって飛び込もうとする。公園でもデパートでも、走り回ってすぐに迷子になる、そして二歳になるのに、言葉が出てこない…。

食物性アレルギーがあったので、その治療のために通っていた病院の医師に、それらの気がかりな点を相談すると、地元の療育施設を紹介してくれた。そこは、肢体不自由児が中心の施設だったが、脳波などいくつかの検査を行っていた。

「そこで多動だと言われたのですが、アレルギーがかゆいから動き回っているのかもしれない、とも指摘されました。施設の専門家には〝なるべく早く集団に入れて、その中で成長させたほうがいい〟と提案されたので、地元の幼稚園を探しました。でも空きがなかった。それで、三歳から五歳までは、就学前の自閉症やダウン症の子どもたちが通う、地域の心身障害者センターに通うことにしました。他のお母さんたちにも〝どうして樹君がここに来ているの？〟などと不思議がられていましたけど……」

小さい頃に多動と診断され、心身障害児センターに通うことができたのは、結果的に樹君にとっては非常にプラスになる。着替え、排泄、食事、運動や言語など訓練を受けることができたので、早いうちに生活習慣は身に付いた。

六歳になってからの一年間は保育園に通った。

保育園で息子の様子を見ていると、「みんなといたいのに、一緒に遊べない」「コミュニケーションをとろうとしない」「けんかになると、ひどく興奮し、落ち着かせるのに一時間くらい軽くかかってしまう」「人の話を聞かず、どこかにサ～ッと消えてしまう」など、気になる面が出てきた。が、保育園の先生たちが、いつもそれなりに対応してくれていたため、大した問題にはならなかった。

このように、小さい時から気になることがたくさんあったので、就学時健診時に教育相談を受け、事前に入学する学校の校長に会うことにした。

今まで問題にならなかったとはいえ、親の目から見ても、「うちの子は明らかに変わっていた」からだ。そこで、それまでの診断書、センターで受けてきた教育、今までの成長記録などを資料として提出し、息子と一緒に面会することにしたのである。

「元気のいいお子さんですね。安心して入学してください」

思いの外、校長の下した評価があっさりしたものだった。奈緒子さんは一抹の不安を感じ、「子どもの様子を知りたいので、何かあったら必ずすぐに連絡してください。

必要があればすぐに学校まで伺います」と丁重にお願いした。

異変に気がついたのは、一年生の二学期ごろだった。

ある日、息子があまりに夕食を食べまくるので、おかしいと思い「どうしたの?」と尋ねてみた。すると、息子は驚くようなことを言ったのだ。

「あのね、僕作文が書けなかったから、給食食べさせてもらえなかったの。でも、今日が初めてじゃないよ」

一体どういうこと?

奈緒子さんは、息子がもらした言葉に、何か恐ろしい事態になっているのではないかと直感する。すぐさま、同級生の親に電話をして子どもに確認してもらったところ、やはりしょっちゅう食べさせてもらえていなかったことを知り、愕然とした。

「担任に、なぜ食べさせないのかを聞きに行きましたが、まるでコミュニケーションが取れないんです。〝作文を書かなかったから、食べさせなかった。こうすれば次からはちゃんと書くと思いました〟とおっしゃり、とりつく島がない。息子の言い分によると、他のことに気を取られていたため、〝何を書くのか〟がわからなかったそうです。そういったことについての指導はされなかったのに、給食を食べさせてもらえなかった。校長に話すと〝知りませんでした〟、教育委員会も〝あ、そうですか〟でおしまい。まじめに取り合ってもらえず、非常に悔しい思いをしました」

当時を思い出しながら、奈緒子さんは今でも呆れる。でも、それはこれから始まる長い試練の入り口に過ぎなかったのだ。

「給食を食べさせない事件と前後して、息子は学校で悪口を言われるようになったんです。よくよく話を聞いてみると〝先生が、僕のことをみんなの前で大声で呼び捨てにして怒る〟どうも、それがきっかけとなって、他の子どもたちも息子の名前をもじってからかうようになったみたいでした…。早速、担任に会いに行きましたが、担任は〝悪口は、無視していれば収まる〟の一点ばり。それどころか、〝お宅の息子さんは体が大きいのだから、小さい子に手を上げないようにさせてくれ〟〝すぐ手足が出るし、パニックする。収まるまで時間もかかり迷惑している〟だとか、〝授業中に手を挙げずに答えるから困る〟〝忘れ物が多すぎる〟などと言われたんです」

奈緒子さんは怒りが爆発しそうになるのを、グッと抑え、その五十代の女性教師に「問題があったらすぐ連絡くださいと、入学前に校長にお願いしているが」と伝えた。

すると、その教師は「そんな話は聞いていない」と大声を上げ、突然語気を荒らげて「一人の子どものために、そこまでやっていられない」と突っぱねたのだった。

敏感な子どもたちは、そういう教師の態度をすぐに嗅ぎ取る。

一年生も半ばを過ぎるころには、樹君は子どもたちの間で「いじめられてもしょうがないやつ」として認識されていった。同級生からも「問題児」扱いされるようになり、ますますいじめられたり、からかわれたりする。何か言うと「ダサ〜イ」と野次られるから、息子も怒る。怒って感情を抑えられないから手が出て、また問題になる。

二年生に進級した時は、担任が変わったので、「何かあったらすぐに連絡してほしい」と、最初から直接頼んでおいた。だが、実際に教師から連絡があったのは、二年生の三学期になってすぐのことだったのだ。

「ある日、急に学校から呼び出しを受けて行ってみると、担任が分厚い学級記録を取り出し、これまでの息子の状況について一つ一つ話し始めたんですね。悪口を言った子の作品を壊した、なぐった、けった……。四月に、何かあったらすぐに言ってくれと話してあったのに、なぜ今頃言うのか、私には理解できませんでした。非常に不信感が募りましたね。しかも、その担任がこう言ったんです。〝最近、いろいろな事件が頻発していますよね。お宅の息子さんがそういうことをし始めたらどうするんですか？　怖くないんですか？　早く手を打ったほうがいいですよ、このままでいって事件を起こすようになってからでは遅いので、病院に行ってください〟って」

その後、ようやくＡＤＨＤという診断を受けた。だが、最初はＡＤＨＤという障害名については、特に聞かされなかった。医師も「どういうお子さんにしたいですか？」とだけ聞き、周囲との対応方法を教えてくれて、けんかにならないようにするために薬を処方してくれた。ＡＤＨＤと聞いたのは、それからしばらくたってからのことだ。

「診断名は何でもいいやと思っていたんです。それよりも、どうすれば樹と向き合えるのか、樹に適した教育を受けさせられるのか、そればっかり考えていましたから。こんな小さな子どもにリタリンを飲ませることについては、抵抗がありましたが、それで少しでも対人関係がうまくいくならしょうがないと思い、飲ませることにしました。効果のほどは、いまいちわからなかったんです。というのも、うちの息子が暴れるのは、もはやいじめを受けているからで、そのいじめはクラス全体に蔓延《まんえん》していたわけですから…。薬を飲んでいる間は、何を言われても我慢できたのかもしれませんが、薬が切れたらまたトラブルになる。その繰り返しでした」

三年になると、また担任が変わった。今度は三十代の男性教師で、またもや「何かあったらすぐに連絡してほしい」と頼んだ。この教師は週に二、三回電話をくれたのだが、このころにはもうクラスそのものが荒れ果てていて、いくら若くてやる気のある教師でも、一人でなんとかできる状態ではなかった。

「毎日、いじめられていました。ノートや筆箱を隠されたり、仲間外れにされたり、何か言うと〝ヘタクソ〟などと野次られたり、〝怪しい人〟〝巨大な寄生虫〟などと悪口を言われたり…。息子はできるだけ我慢していたようです。二学期になると、担任から保護者にSOSが出ました。クラスが荒れているから話し合いたい、ということだったんです。でも、他の子どもたちの保護者はすごく無関心でしたね。校長や教頭先生も、クラスの問題は担任の責任と考えていたらしく、その先生はどんどん孤立していきました。そのうち、先生が何を言っても、子どもたちは見向きもしなくなっていきました。そんな中で、樹はリタリンを飲みながら、ちょっかいを出されても反撃しないよう、自分を抑える日々を送っていたんです」

男性教師も、最初は頑張っていたのだが、一、二年生で荒れ始めていた子どもたちは、もはや誰にも抑えることはできない。その教師がだんだんと力尽きていく感じが手に取るようにわかった。保護者に協力を求めてきた時は、本当に限界だったんじゃないか、と奈緒子さんは考えていたが、他の子の親たちは我関せずを貫いていた。樹君をいじめる子の親と話をしてみたが、「ぬかに釘状態」。そっちだって悪いんじゃないの、と言い、話し合いは成立しなかった。

四年生になって、学級はついに崩壊した。転任してきた三十代前半の女性教師には、子どもたちを抑えることができなかったのだ。

「四月のある日、樹が言うんです。『僕ね、ホントは勉強したいのに、みんながうるさくて勉強できないんだよね』って。うるさいってどういうことか聞いてみたんですが、いまいち要領を得ない。それで、実際に学校に行ってみたんです。そうしたら…歌を歌っている子がいるわ、叫びながら走り回っている子がいるわ、歩き回っている子もいれば、床に寝転がっている子もいました。もちろん、後ろのほうではけんかもしていましたからねえ。先生は国語かなんかの本を読んでいましたが、声は全く聞こえてなかった。本当にびっくりしました。動物園みたいでしたから（笑い）。そんな中で、樹は勉強したいと薬を飲みながら耐えていたんです」

実際の現場を目撃した奈緒子さんは驚愕して、すぐさま校長に連絡したが、学校側はなかなかその事実を認めようとはしなかった。「これは『学級崩壊』ではなく、『児童の荒れ』と言います」などとお茶を濁し、学級崩壊の事実そのものを隠そうする。

奈緒子さん以外にも、同級生の母親でクラスの異変に気がついた人たちがいて、その人たちと話しているうちに、想像以上にひどい状況であることが判明した。すると、学校側は手のひらを返し、「クラスが荒れるのは親に責任がある」として、「保護者も授業を手伝うべきだ」と言い出したのだった。

「教師のライセンスがあるわけでもないのに、授業を手伝えなんてヘンだよなあと思いつつ、私も他のお母さんたちと一緒に何回も学校に出向きました。でも、あそこまで崩壊してしまうと、もう手のつけようがなかった……。それに、そうやって授業支援に来るのは、歩き回ったり寝ころんだりしない子の親ですから……。保護者の間も分裂しはじめ、本当になんだかわけのわからない状況になっていったんです」

そんな中、樹君は「うるさくて授業がわからない。行ってもいじめられるだけ」と言い、少しずつ登校を拒否するようになった。それがゴールデンウィーク明けのことだった。

学校に行っても、クラスは崩壊していていじめられるだけなら、何も行くことはない。

そう判断した奈緒子さんは不登校宣言をする。校長に「うちの子は、もう学校には行かせない」と言い切ったのだ。

そのころ、隣の小学校がいいらしいといううわさを聞いた奈緒子さんは、引っ越しをしないで転校する方法、つまり越境入学ができないか教育委員会に掛け合い、その学校の校長にも面会に行った。

「教育委員会に行って驚いたのは、うちの子が学級崩壊の原因だと報告されていた点でした。委員の人に〝でも、荒れた原因って、お宅のお子さんなんでしょ？　最近落ち着いてきたらしいけど…〟と言われた時には、校長がそうやってうちの子をやっかい払いしようとしていたんだということがわかりました。もう、本当に呆れてものが言えませんでしたよ。怒り爆発、でした」

しかも、樹君は「精神的に弱い子」で、そうなったのも「母子家庭のため、家庭でのしつけが放棄され、親が子どもと向き合っていない。だから、子どもが荒れてしまった」と、想像力たくましく報告されていたのである。それを真に受けた教育委員は、「やはり、子どもが家に帰った時に母親がいないのはねえ…。子どもは母親が育てるのが一番ですよ」と説教までしたそうだ。

教育委員会での交渉は腸《はらわた》が煮えくり返ることの連続だったが、越境入学を勝ち取るまで奈緒子さんはあきらめるわけにはいかなかった。

現在通っている学校側は樹君のことを「邪魔者扱い」したが、受け入れ先の学校は「来ちゃいなさい！」と大歓迎してくれた。幸い、越境はすんなり許された。

新しい小学校の校長は女性で、今までの校長とはとことんタイプの違う人だった。校長室の壁には、全校生徒の写真がところ狭しとはられている。子どもたちの名前は全員暗記している。ドアはいつも開いていて、教師でも親でも子どもでも、誰でも話がある人は自由に出入りできる雰囲気。何に対してもオープンで、前向きな感じが伝わってくる。同じ管理職でも、こうも違うものか、と奈緒子さんも樹君も目から鱗《うろこ》が落ちる思いをした。

「越境入学したい、と申し入れた時、校長先生はすぐさま四年生の全担任を呼んでくださったんです。そのうち四十代くらいの、バイタリティ溢れる女の先生が〝私が受け持ちますよ〟と言ってくださった。その先生は〝私のクラスからは寂しい子、悲しい子は絶対に出しませんっ！〟とおっしゃったんです」

そう言いながら、奈緒子さんの目は潤んだ。ここでも受け入れられなかったらどうしよう、と必死の思いで越境入学という選択肢を考え出していたので、相当の緊張感の中にいたのだ。先生たちの言葉は、その凝り固まった緊張感を一発でほぐすくらい、柔らかく、温かいものだった。実は、この新しい学校の先生たちも、ＡＤＨＤについて特に知っていたわけではなかった。だから、奈緒子さんの持参した資料をよく読み、対応についても勉強してくれた。

「転校後、息子の様子は徐々に変わっていきました。周りの対応が全く違ったことが大きいと思います。五年生の今でもからかう子はいるし、パニックにもなります。でも、何かあると先生は本人の納得がいくような言葉で注意してくださいます。そして〝今樹君がそうなったのはなぜか、どこがよくてどこが悪いのか、相手の子の気持ちはどうか〟などを、クラス全体で冷静に話し合う。すると、他の子どもたちも、樹の行動が理解できるようになり、次からは樹がそうならないようにしようとする子も出てくる。そういう意味では、同級生の子どもたちには理解力や包容力がある。樹がパニックになっていると〝もう、いいでしょ〟と優しく声をかけてくれる女子生徒もいるんですよ」

居場所ができたことで、樹君は少しずつ自信と信頼を取り戻し始めた。

今は少年野球のチームで頑張っている。そんな息子を見て、奈緒子さんは自分の選択が正しかったことを確認している。

ところで、学校やクラスメート、保護者たちは応援してくれていても、他のクラスや学年の子どもがネックになることもある。

例えば、集団登校が義務づけられている学校に通っている場合がこれにあたる。時間の感覚が鈍く、おしゃべりでうるさく、人と同じペースで行動することが苦手な子どもにとっては、この集団登校はかなりのストレスだ。と同時に、他の子どもたちにとっても、ADHDを持っている子どもと一緒に登校することはストレスだったりするのだ。そして、それが原因で、トラブルが発生することも少なくない。

中部地方に住む笙子さんが今一番頭を抱えているのも、この集団登校の問題だった。

「克典君だけ、一人で登校すれば？」と言われて

――団体行動が取れない息子を排除しようとする班長

克典君がＡＤＨＤと診断されたのは、四歳の夏休みのことだった。

生まれたときから、よく眠り、よく食べ、おとなしい、育てやすい子どもだった。

それでも、母親から見ると、「言葉が遅い」「会話がキャッチボールにならない」「友達とうまく遊べない」「公園に行っても同じ場所をグルグル歩き回り続ける」「いつもボーッとしている」など、奇異に思える行動がいくつもあった。当初は、男の子だし、こんなものかとも思っていたのだが……。

たまたま通っていたのが、比較的小規模で、どの子にも目が行き届く幼稚園だったので、最初はそれほど目立った問題行動も起こらなかった。

だが、力を合わせる場面でふざけたり、みんなで歌を歌うときにわざと変なふうに歌ったりするうちに、周囲の子どもたちのイライラが募ってきた。それが息子に伝わると、息子の情緒不安はひどくなった。ちょっとしたことでパニックになり、叱られるとすぐに「もうダメだ」などと言って泣きわめく。乱暴な子からちょっかいを出さ

れるとけんかになり、収拾がつかなくなる。相手の親からクレームが来るようになってきた頃、診察を受けたのである。

「早いうちにＡＤＨＤの診断がついたのは、私にとっても息子にとっても、幸いなことでした。それまではボーッとしていたり、ふざけたり、人の話を聞かないことなど、とにかくなんでもかんでも叱りとばしてばかりいました。これだけ厳しくしつけているのに、なんでこの子は人の言うことがわからないのだろう、と私はずっと自分のことを責めていたし、子どものしつけのことで毎日夫婦げんかもしていたんです。ＡＤＨＤがわかったことで、とりあえず自分のしつけのせいではないと思えたし、克典に合ったしつけの仕方があることを知ったので、よかったですね」

集団生活ができるかどうか不安だった両親は、小学校入学前の二月に校長と養護の先生に連絡を取り、息子について相談したいと申し出た。

そして、

○子どもの性格などを詳しくまとめた成長記録
○幼稚園時代に担任と細かく連絡を取り合っていた時の記録
○家庭で気をつけていることなど、しつけ全般についての記録

○どういう治療をしているのかなど、クリニックの話
○ＡＤＨＤがどういう疾患であるか簡単にまとめたパンフ
○担任を配慮してほしい、席を前のほうにしてほしいなど、小学校での希望をリスト
にした要望書

などを携え、会いに行った。

「そういう資料を持っていっても、〝事前に子どもに対して偏見を持ちたくない〟などの理由で、体《てい》よくつっぱねられることもあると聞いて知っていました。だから私も夫もダメでもともとという気持ちで行ったんです。でも、校長先生は一生懸命聞いてくださいまして…。その方は今年異動になったんですが、新しい校長先生に申し送りもしてくださいました。だから、今の校長先生も、息子に配慮しようとする態勢を引き継いでくださいました。そういう意味では、学校には恵まれています」

とりあえず、順調に進んでいた小学校生活だったが、問題は意外なところに潜んでいた。集団登校でひっかかってしまったのだ。

「うちの班は、小学校六年生の男女が各一人、四年生が一人、克典を含む二年生が三

人、それに一年生が三人。計九人の子どもたちが、毎日七時半に近所の交番の前に集まって、一緒に登校します。しかも、うちの小学校の集団登校にはルールがあって、『私語厳禁』に『一列縦隊』。このルールを聞いただけでうちの息子には厳しいだろうなあと思ったんですけど…」

克典君の班は、六年生の、とても几帳面な男の子が班長をしていた。その男の子は克典君が列からはみ出して歩いたり、ぺちゃくちゃ喋ったり、ふざけたりすることをとても嫌った。他の子どもたちが集合時間前に集まってしまうと、全員を連れてわざわざ家まで迎えに来ては、時間に遅れるのはおかしい、と文句を言った。笙子さんにもしょっちゅう「克典君はいつも列を乱すし、話をするし、とっても困る」と苦情を言う。

笙子さんも、その子がイライラする気持ちはわかったので、「克典は人のペースに合わせるのが苦手なの。訓練はしているんだけど。いつもごめんね」「班長さん、偉いね、大変なのに」などと言葉にして、労をねぎらうようにしていた。

「ADHDは大人でもなかなか理解できない、難しい疾患です。まして、相手は小学生なので、簡単に〝○○が苦手〟という形で伝えていました。その子のお母さんには、息子のことを話していたのですが…。その子が、几帳面で和を乱すことを特に嫌うタイプだったから、ストレスも人一倍強かったんだろうと思っています。ただ〝私語厳禁〟〝一列縦隊〟だけではなく、〝おしゃべりはもちろん、相づちもだめ〟〝三回喋ったらげんこつ〟など、いつも軍隊みたいなことを言っては、文句を言っていたんです。帽子が曲がっているのはよくない、なんていう細かいところまで、ね（笑い）」

ある日、特別授業があった。その日はランドセルで学校に行かなくてもいい、ということになっていたのだが、克典君はいつも通りランドセルを背負って出ていった。ところが、そろそろ学校に到着する時間かなと思う頃になって、ドアチャイムが鳴る。

不思議に思ってドアを明けると、班長以下全員がハアハア言いながら玄関前に立っていた。克典君は、泣きそうな顔をして、班長の脇でもじもじしていた。

ドアを開けるやいなや、その班長が

「おばさん、今日はランドセルで学校に行かない日なんだから、克典君だけがランドセルで行くのはおかしい」

と抗議をしてきた。話を聞くと、登校中、克典君のランドセルが問題になり、結局、校門の手前まで着いたのに全員で引き返してきたという。笙子さんは、

「ランドセルで行かなくてもいいということは、ランドセルで行ってもいいということでもあるのよ」

と説明したが、ランドセル以外の物に替えるべきだと譲らない。

「みんなランドセルではないのだから、克典君だけ背負うのはおかしい。克典君だっていじめられるのではないか。それに、うちの班だけヘンだ」

始業時間も近づいてきたので、笙子さんは「今日はこれで行きなさい」と言い含め、子どもたちを再度登校させた。

「一事が万事、その調子でした。ちょっとでも他と違うとダメなんです。中には、一人で登校している子もいたのですが、そういう子は学校中で〝変人〟扱いされてしまいます。集団登校は児童の安全のため、高学年の子はリーダーシップを学び、低学年の子は集団行動を学ぶため、ということもわかります。でも、息子の場合、授業に合わせてリタリンを飲んでいるので、登校中はまだ薬が効かないんです。そのため、わがままな行動をとっているように誤解され、それが班長のストレスにもなる。結果、他の子どもの前で克典は叱られ、あげくに〝明日から一人で行けば〟と言われるようになったのでした」

しかも、班長の母親からも電話がかかってきて「克典君は一人で登校したほうがいいのではないかしら」と、ていねいに注進された。

「息子は〝学校には行きたいけど登校したくない〟と言い、しょげ返ってしまいました。二年生になってから、集団登校の締め付けがいっそう厳しくなったこともあるようです。本人としては、頑張っているつもりなのに〝一人で行け〟と言われたのは、かなりショックだったようで、押し入れにこもって出てこなくなったり、学校にも行けなくなったり…。担任とも話し合い、薬を三十分早く飲むこと、毎日私が距離を置いて後ろから着いていき、何かあったらすぐ駆けつけるようにすることで、他の子どもたちにも納得してもらったんですが…。克典には克典のプライドがありますから、とても難しい問題だと思っています」

相手が子どもで、しかも登校中だけの問題だからこそ、よけいに対応が難しいと笙子さんは考える。

下手な対応をすれば、せっかく学校ではうまくいっているのに「あの子は問題児」というレッテルがはられる。それがうわさになって広まると、子どもたちから総スカンを食らってしまう。いじめのタネはそこかしこにあり、総スカンからいじめに発展するのは時間の問題だ。

「結局、私の中にも〝集団に適応できないのは悪いこと〟という図式が刷り込まれているんですよね。だから、一人で登校させる勇気がない。情けないのですが、できれば変人扱いされるようなシチュエーションには置きたくない、と思ってしまうんです。克典が自分から〝一人で行く〟と言わないのも、やはり、一人で行くことは排除されてしまうことだと無意識に悟っているからだと思います」

最近、解決策の一つとして「集合時間に遅れたときは、克典を待たず先に登校する」という取り決めをした。我が子の特徴を考えると、問題はまだまだ出てくると思っている。これから、高学年になって、他の子どもたちの面倒を見なければならなくなったとき、どうすればいいのか……。笙子さんの答えはまだ出ていない。

2　家族との関係

ADHDなど一見しただけではわかりにくい障害について、家庭内、つまり配偶者や両親などから理解が得られないケースは、意外に多い。取材で知り合った人でも、無理解が原因で離婚してしまった人や、現在家庭内別居中だという人がかなりいた。

特に配偶者が「母親のしつけの問題だ」「子どもがわがままなだけだ」と頑な場合は、学校側や他の子どもの保護者から理解されない場合よりも、孤立感は倍増する。

関東地方に住む満里子さんも、そんな孤独に苦しんだ一人だった。

心のどこかで息子の死を願う自分に気づいて、自責の念にかられる

――いい先生といい本、いい仲間に出会えて救われた

「私ね、誰にも話したことがないんですけど……。幸輔が幼稚園の帰りに川に落ちたらいいって願ったことがあるんです。川に落ちないんだったら、車にはねられたらいいのにって……。帰ってこなければいいって、真剣に祈ったことがあるんですよ。この子がいなければ楽に生きていける。私だってやり直せるはずだって思ったんです」

最低でしょう……と言って、満里子さんは少し顔をそらせた。

「最近、母親が虐待するって報道が多いですよね？　でも、私には人ごとではないんです。あと一歩遅かったら、新聞沙汰になっていたのは私だったかもしれないんですから。偶然、いい先生といい本に出会え、共感しあえる友達が見つかった。だから私は大丈夫だった。でも、もし見つからなかったら？　一線を越えていたのは私だったかもしれないんです……」

満里子さんは三十代後半の、ごくごく普通の女性だ。特別神経質なわけでもないし、

育児において高い理想を掲げていたわけでもなかった。むしろ明るく、おおらかな性格に見える満里子さんが、息子の死を願うまで思いつめられたのはなぜだったのか？

満里子さんには、長女と四歳下の幸輔君の二人の子どもがいる。

長女と違い、幸輔君は赤ちゃんの時から、火がついたように泣く子だった。抱いてもダメ、あやしてもダメ。泣きやむのは本人が泣き疲れて眠る時だけ。

物心ついてからも、こだわりが強く、好きなことと嫌いなこと、やりたいこととやりたくないことの差がはっきりしていた。やりたくないことには、見向きもしなかったし、それをやらなければいけなくなると、決まって火がついたように泣き叫んだ。

「二、三歳のころから、ぬり絵がすごく好きでした。やり始めたら、ご飯も食べずにずっとぬっています。自分の気持ちの中で一段落するまでは、絶対にやめない。生まれた時からあの子は、すべてにおいてゼロか百。だからぬり絵ですら、ちょっとでも自分の思い通りにいかないと…たとえばぬる時に少しでも枠からはみ出したりすると、それだけで大パニックして泣き叫んでいました。そんな時に〝大丈夫よ〟なんて言おうものなら、もう大変。〝ちゃんとできていない、大丈夫じゃないっ！〟と、泣きながら怒り始める。そうすると、全く手がつけられなくなってしまいます」

この傾向は、幼稚園にはいった四歳頃からますます強くなっていった。

何を言っても気に入らない。何をやっても怒りまくる…。

「いつも〝ママはわかってくれない！〟と怒っていました。小学校の三年生までずっとこの状態。何を言ってもまるで聞かないので、そのうち私も〝あっそう〟なんて言うようになって…。挑発に乗らないよう、できるだけ相手にしないように努めたりもしました」

しかし、そういう行動が毎日毎日、何年も続いてくると、さすがの母親でも逃げ出したくなってくる。それは当然のことだろう。幸輔君の怒りとパニックは、ジワジワと満里子さんを追いつめていった。

「歯を磨くとか顔をちゃんと洗うとか、生活習慣を身につけさせたい」

「着替えなどをてきぱきできるように覚えさせたい」

「やりたいことを最優先できないと、火がついたように泣き叫ぶのをやめさせたい」

母の思いは息子に届かず、だんだんと家庭の中の雰囲気が悪くなっていく。いつもイライラして小言を言う母親と、その小言を聞いて怒る息子の対立は激しくなり、家庭は居心地の悪い場になってしまった。

満里子さんは、そういうふうに、家庭の空気が微妙に変化していたのを敏感に察知していた。

そして「どうしてこうなってしまうのだろう」「自分の育て方が悪いんじゃないか」「なんとかしなくちゃいけない」――そんな考えが頭の中で行ったり来たりして、どんどん苦しくなっていった。やがて「この子はちゃんと育っていない」と、自分を責めるようになったのだ。

こんなこともあった。

六歳になって、幸輔君は自分から剣道を習いたいと言い出した。近所に教室があったので、満里子さんは早速手続きをして、通わせることにした。

ところが、実際に始めてみるとすぐに飽きてしまい、あれこれと理由をつけては練習に行きたがらなくなってしまった。

満里子さんとしては、自分からやりたいと言って始めたことを、そう簡単にやめさせたくはない。しつけの面から考えても、簡単に始めて飽きたらやめるなんて、いいことのようには思えない。それで、「なぜ行かないのか」「先週、今週は行くと約束したではないか」と小言を言いながら、練習に連れていくようになった。

「せっかく自分からやりたいと言って始めたことなわけでしょう？　練習がしんどくても、続けてほしいと思いますよね。でも、幸輔にはその論理が通用しないんです。私の態度が〝やめたい〟とは言わせなかったのだと思いますが、なんだかんだと理由をつくっては行けない、と言い張ったんです。売り言葉に買い言葉で〝そんなにやりたくないなら、やめちゃいなさいっ〟と私が怒鳴ると、〝わかった！　じゃあ、やめる。お母さんがやめなさいって言ったからやめるんだ〟と言い返してくる。いつも、そういう調子で責任転嫁するんです。それで、私の怒りも増大して、最後は平手打ちがパーンと飛び出てしまったり…」

夫は息子のそういう状態を、ただ単にわがままがひどいだけだと捉えていた。生活習慣が身につかないのも、パニックに陥って泣き叫んだりするのも、全部わがまま。わがままになるのは、育て方が悪いから。甘やかしているから。だから、幸輔君が暴れたりすると、夫はとても厳しく叱りとばしていた。夫婦で、息子の様子についてじっくり話し合うということもなかったので、満里子さんは、どこかで夫に責められているような気がしていた。

夫の両親も孫のことを〝子どもなんだから、こんなもんでしょう〟という目で見ていた。母親が少し気にしすぎるのだ、母親のほうがちょっと神経質なのではないか、母親のそういう怒り方が幸輔を追いつめるのだ…。そう思われているように、満里子さんには思え、結局、家族の誰にも相談できないまま、辛くしんどい日々が三年も続いたのだった。そして——。

冒頭のように、ふと気がつくと子どもが事故にあうことを願っている自分がいた。次の瞬間「親のくせに自分はなんてことを考えているんだ」と自己嫌悪に陥る。夜、寝ている息子の顔を見ながら「自分は本当にダメな親なんだ」と自らを責め、ひどく惨めになった。

満里子さんの怒りは、孤独の裏返しでもあった。


小学三年生の一月、幸輔君はＡＤＨＤの診断を受けた。

偶然、ＡＤＨＤの本を書店で立ち読みしたのがきっかけだった。どれを読んでも、どの項目も当てはまると思った。

「あら、あれ、うそ、えっ！　みたいな感じでした。どれも当たってるんですけど、マジ？　って（笑い）。それで、すぐ検査を受けて、衝動型のＡＤＨＤと診断されました。驚きましたね……。だって、幼稚園に入った頃から、ずっと自分の育て方が悪いと思っていましたから。私の力不足、私がなんとかしなくちゃならないって。でも、ADHDのことを知って、今のままでなんとかするんじゃなくて、別の方法から見ていかなければならないということがわかったんです」

診断は、幸輔君にとっても満里子さんにとっても救いになった。

幸輔君はそれまでわがままなだけだと頭ごなしに叱られていたし、泣き叫ぶのも自業自得と責められていたが、それが少しは周囲に理解されるようになった。

満里子さんも、自分の育て方が悪いから幸輔君がわがままになったわけではないということを知り、無用に自分を責める必要がないことを理解した。診断のおかげで母と息子の間に横たわっていた溝は、少しずつ埋まり始めた。

「でも、そういうのって、すぐに変わるわけじゃないでしょう？　うちの場合、夫は、ADHDのことを〝単なる言い訳〟だって言い切っていて、幸輔のわがままにエクスキューズを与えるだけだと言っていましたから。対応を変えてくれって言っても、ちっとも聞く耳なし。これ以上甘やかしてどうする、でしたからね」

満里子さんは、しょうがないんですよと言いながら、ため息をついた。息子を少しでも理解したいと思うのに、夫は相変わらず息子と妻を責め立てたのである。

診断はついたものの、家庭での療育はうまくいかない。今度は、夫の対応に苛つき、怒り、傷つく日々が始まった。

いたたまれない日が何日も過ぎた。

とうとうある日、耐えきれなくなった満里子さんは、専門家の意見を聞きに、地元の教育相談に行った。そして、一時間にわたって、カウンセラーに悩みをぶちまけた。

「そうしたら、その方が〝お母さん、一人でよく耐えてきたわね。辛かったわねえ。でも、よく頑張ってきたと思うわ〟って言ってくださったんです。この言葉を聞いて、全身の力が抜けて、涙が止まらなくなりました。そうか、私、頑張ってきたんだ、って思えたんですよ！　今思えば、彼女が共感してくれたことで、自分を認めてもらった気がしたんだと思います。それが、私に力を与えてくれたんです」

満里子さんは、ニッコリしながらその時の思いを口にする。あの瞬間、すべての呪縛が解けたような気がした、と。

診断を受けて原因がわかったからといって、いきなり息子の症状がよくなるわけではない。だから、もう自分を責めることはやめよう。心の底からそう思えたメリットは非常に大きかった。満里子さんには、俄然元気が出てきたからだ。

元気が出たら、行動開始。まず、病院で知った、同じ障害を持つ親の会に入った。そこで、学校での対応、家庭での対応、小さな悩みから愚痴まで、あらゆることを話し合える仲間を見つけた。仲間には、理解のない夫についての文句も話したし、こんないいことがあったんだよという報告もした。どんなささいな情報でも、オープンに話すことで、ますます自分が解放されていくのがわかった。それまでの四年間、悩みを一人抱え込んできた日々がうそのようだった。

そのうち、同じ市内にも仲間がほしくなった。というのも、その親の会は、他県にあったため、話をするにはわざわざ二時間近くかけて出かけていかなければいけなかったからだ。それで、地元にも親の会みたいなものを作ろうと動き始めた。

「いきなり一人でやるよりも誰か一緒にやってくれる人がいたほうがやりやすいだろうと思って、パートナー探しから始めました。地元では、自分以外にＡＤＨＤを持った子の親を知らないわけでしょう？　それで、まずタウン誌に投稿してみたんです。『ＡＤＨＤってご存じですか、親も子も困っているんです、支援をお願いしたいんです。親同士が集まって自分の子育てについて話せる場がほしいと思っています』って。

そしたら、その投稿記事を見て編集部に連絡してくださった方がいたんです。それで、まずはその方と二人で始めることにしました」

連絡してきた人の子どもは、別の発達障害を抱えていた。ADHDだけの会にする必要はどこにもなかったし、その人とも意気投合したので、満里子さんは早速『親同士が話せる場』をつくることにした。会の存在は、地元の教育センターの掲示板に小さな案内を書いてはってもらうことで広めた。

《何月何日、どこそこで何時から、親同士が話せる会を開きます。ぜひご参加下さい》

当初は『親の会』というような、きっちり方向性の決まっている会合にはせず、『おしゃべり会』のような軽い雰囲気でスタートすることにした。子育てについて悩んでいる人、子どもの成長についてしゃべりたい人たちが集まって、話をするだけでいいやと思ったからだ。だから集まる場所も地元のファミレスにした。

その『おしゃべり会』が、徐々に口コミで広がっていった。三、四か月も続けると、定期的に足を運んでくれる人たちが増え、仲間が固定化していき、集まりそのものが『会』としての形に整っていった。

そのころから、集まる場所を地元の公民館に移した。子どものための集会は無料で貸してもらえるというメリットもあったし、無料になればファミレスよりも参加しやすいのではないか、と考えたこともあった。

「会をつくるなんて大変かもしれないって、最初は思いました。でも、ちゃんとしたものでなくてもいいんですよ。一人で始めてもいいし、会には名前がなくったっていい。それよりも、子育てについてしゃべれる場があればいいんです。今ではADHDだけでなく、LD、アスペルガー、自閉症など発達障害を持つ子どもの親たちが集まって情報交換したり、愚痴を言い合ったり、勉強したりして元気を分け合う会になりました。もちろん、今でも、最初のADHDの親の会にも行きますよ。だけど、すぐ近くに私のことを知っている仲間がいるというのは、想像以上に力を与えてくれるんです。困ったら電話すればいい、きっと聞いてくれるし、何かあったらすぐに来てくれるって」

満里子さんは、「いやあ、こんなふうになるなんて思ってもいなかったんですけどね」と続けながら、豪快に笑った。

地元の仲間たちと出会えたことは、別の意味でプラスにもなった。自分の中で余裕ができたため、夫の対応についても前よりも冷静に見られるようになったのである。

夫は相変わらず、子どものことを「わがままなやつ」と切り捨てたりする。

もっと厳しくしろ、もっと叱りとばせ、甘やかすな……。

今までは夫がそう怒るたびに「それでは幸輔のプラスにならない。幸輔はわがままでああやっているんではない、ADHDなのだから、対応を考えてほしい」とこちらもカーッとして言い返したりしていた。そして、それが夫婦げんかのタネにもなり、夫婦げんかをすると、今度は息子が「どうせ、僕なんか…」と言ってパニックになる。

だが、今は強く言い返したりはしない。夫の気持ちをいったん受け止めてから、自分の意見を言うようにしている。それができるようになったのだ。

「夫が息子のことを厳しく叱れ、と言うとしますよね。今は〝ふ〜ん、そうか、あなたはそう思うんだ。そうだよね、確かに幸輔にはもっと厳しくする必要もあるかもしれない〟と言います。すると夫は〝だろう?〟と言う。そこで〝そうだよね、ほんとに。でもね、私は最近のあの子を見ているとこう思うんだよね。頭ごなしに叱るよりも冷静に話したほうが、あの子はわかるんじゃなかなあって〟。そうやって、こっちが冷静に対応すると、夫もだんだんトーンダウンしてきます。それを繰り返すうちに、頭ごなしに怒鳴りつけようとはしなくなってきたんです」

最近、夫は、ポロッとこんなことを満里子さんに言った。

俺は今までおまえに、幸輔のことで責められてばっかりいるような気がしていた。何もしない、子育てに協力的じゃないって…。

「結局、自分自身が追いつめられていたから、そのまま子どもだけでなく夫も追いつめていたみたいなんですよ。自分では全く気がついていなかったんですけど…。私だけでなく幸輔も主人もみんな自分が悪いんだと、心の内側で責めていたんですね。でも、私自身が外に理解者を得たことで、少しずつだけど変わり始めた。それが、また少しずつ、家庭の中にもいいほうに伝染していったみたいなんです」

満里子さんがタウン誌に投稿した小さなお願いがきっかけとなって、地元の仲間たちとの輪が広がっていった。その輪は、広がるにつれて、満里子さんだけではなくいろんな人たちの重石をちょっとずつ軽くしていっている。

「その輪が、いずれ発達障害を抱えた子どもたちへの理解につながるといいと思っています。結局、私一人では何もできませんでした。三人寄れば文殊の知恵じゃないけれど、やっぱり人が集まると全然違うと思う。今、周りに仲間がいなくて辛い日々を送っている人がいたら、こう言いたいんです。〝仲間がほしいと思うなら動いてみて、探してみて〟って。最初はうまくいかないかもしれない、すぐには気の合う仲間と出会えないかもしれない。でも、細々とでも続けてさえいれば、絶対に見つかると思うんですよ。そういう、元気を分けてくれる仲間が、ね」

幸輔君は小学六年生になった。小学校も高学年になると、イライラした時など、自分の不安定な心の状態を言葉で説明できるようになってきた。最近では、パニックになることも少なくなり、少しずつ自分の将来について考え始めているようだ。夫も、そういう息子の成長を素直に認め、応援してくれるようになった。今、満里子さんは、そんな変化の一つ一つをありがたく思い、うれしく見守っている。

3　二次障害との関係

ADHDだとわからない場合、あるいはわかっていてもいろんな条件が重なってしまってうまくフォローできない場合、登校拒否やうつ状態など二次的な障害を起こしてしまうケースがある。

九州地方に住むゆかりさんは、子どもとの関係に悩み、長い間困難な時期を過ごしてきた人だ。現在息子は、登校拒否をしているが、最近、あるキーワードが見つかったことがきっかけで、少しずつ関係が改善されはじめていると語っている。

パニックするのが嫌で、学校から帰宅してしまう息子
――「死ぬ、死ぬ！」と連発する息子の気持ちを理解できなかったことも…

他の母親たちと同様、ゆかりさんも、息子の毅君が生まれてすぐに、「他の子とはちょっと違う？」と思ったのだそうだ。夜泣きがひどい、いったん泣くと、誰が何をしても泣きやまない、授乳しようとしても嫌がる……。「どうして、うちの子はこうなんだろう」とよく考えたと言う。

ただ、住んでいる地域が田舎でみんなのんびりしていたこと、また小学校低学年のころは勉強もできたし体も大きかったのでリーダー的な存在だったことなどが重なり、毅君にとってはわりと生きやすい環境だった。多少乱暴なことをしたり、思い通りにいかなくて泣いて暴れたとしても、大目に見てくれる土壌があったのだ。

だから、幼稚園でも小学校でも、目立った問題が起こることはほとんどなかった。そういうこともあって、思い通りに子育てできない自分はダメな親だと考えたり、息子とのやりとりがうまくいかなくて自己嫌悪に陥ることはあっても、本人自身が苦しんでいると実感することはあまりなかったのである。

「二年生の半ば過ぎくらいのころから、毅は他人とのやりとりの間でどんどん傷ついていったみたいなんです。それなのに、私は、あの子の行動はいつも挑発的だと思っていたのです…。例えば、〝寝る前に歯を磨きなさい〟って言っても全然やろうとしない。それも〝今〇〇しているから、あとでやる〟などと言いながら、嫌だから結局やらない。そんな言動の一つ一つが親をばかにしているように思っていました」

ゆかりさんにとっては、忘れられないことなのだが、二年生の終わり頃から、毅君はしょっちゅう「死ぬ、死ぬ」と連発するようになる。

「それでも、そのころは毅の思いを真剣に聞いていなかった。〝学校でひどいことされたから死ぬ〟なんて言っても、〝ひどいことされるようなことを、アンタが言ったり、やったりしたんでしょう?〟なんて言ってましたから。人の子のことをかばって、自分の子の気持ちにはまるで頭が回らなかったんです」

そのころから、家でパニックに陥る時の状態がひどくなっていった。思い通りにいかなかったり苛ついたり、何か他のことに気を取られて集中力が出なかったりすると、そのストレスを抑えられない。泣くし、わめくし、物を辺りかまわず投げつける。

小学校も三年生になると、本格的な勉強がスタートし、授業のほうもただ覚えるだけではなく、わり算など考えるタイプのものが増える。だから、じっくり集中して考えることが苦手なＡＤＨＤの子にとっては、この時期が一つの節目になる。

毅君も、三年に進級後、急激に勉強がわからなくなった。そのことについて本人は「今までできたのに、できなくなった僕は、もうダメなやつなんだ」と考えていたらしい。しかし、そういう屈辱感が毅君の中に溜まっていっていることに、ゆかりさんが気がつくのはもう少し後になってからのことだ。

毅君にもプライドがあるので、学校では絶対にパニックを起こさない。どれだけ苛ついても嫌なことがあっても、泣いたりわめいたりはしない。ただ、嫌なことがあると、「お腹が痛い」などと理由をつけて自宅に帰ってきてしまうのである。だからそのぶん、家庭での荒れ方はすごい状態になった。

たとえば、家に帰るや否や、「お母さん、水飲みたい」と言ったことがある。

そのとき、ゆかりさんがちょうど手が放せなくて「悪いけど、自分で入れてくれる？」と応えたところ、いきなり毅君は怒りだした。

「どうして、僕がやってって言ってるのに、やってくれないわけっ！」

それから怒る、わめく、泣く。きっかけは何でもよかったのだ。早引きしてまで、学校で溜め込んだストレスを、家で思う存分発散したかったのだから。だが、理由がわからない家族にしてみれば、なぜそんなに怒り狂うのか全くわからなかった。

「小学三年生の三学期、ＡＤＨＤと診断を受けました。そのころには、不安障害が出ていたみたいで…。いつも落ち着かないし、ちょっとしたことでパニックになっていたんです。ギャーッと叫んで、自分の怒りや不安をぶつける対象を探していました。それはテレビのリモコンでも、おばあちゃんでも私でも、だれでもなんでもよかった。もやもやした自分の気持ちを爆発させる対象を、いつも探していました。ベランダの柵に登って〝死ぬんだっ〟と言っていたのも、この頃です」

そういった症状を見て、医師は「ＡＤＨＤだけでなく、二次障害も起こしています」と指摘した。

この頃には、もう親としても完全にお手上げ状態だった。ＡＤＨＤ関係の本は何冊も読んで勉強していたが、その程度の知識でなんとかなるような状態ではなかった。

プラモデルを作っていても、テレビゲームをしていてもちょっとひっかかると、もうパニック。そこで「うまくいかなくても平気だってば」なんて声をかけようものなら、「お母さんは、全然僕のことをわかってくれないっ！」と怒りが爆発するのだった。そして…だんだん、不登校気味になってきたのである。

「三年の時の担任は〝こんな生徒は見たことがない〟と言い、なんとか学校に来させようと厳しく説教していました。それが負担だったのか、学校にいても楽しくないっていうか……長く学校にいると、疎外感を感じるようになっていたみたいなんです」

本人が抱えていた怒りはかなり大きかったのだろう、家を飛び出すようになったのも、この時期ぐらいからだった。

「夜中だろうが、何だろうが、気に入らないことがあると、〝誰もわかってくれないんだ！〟と言って、家を飛び出していました。飛び出した息子を、今度は取るものもとりあえず私が追いかける。息子を捕まえると、次は手をつないで二時間くらい田んぼの中をグルグル歩き続けました。はっと気がついたら二百円しか持っていないとか、三十円しかないってこともよくありましたね。それでも、途中のコンビニで、二百円で買えるお菓子なんかを買って…。そうすると、息子は〝お母さん、大きい方食べなよ〟なんて言ったりするんです。それで、私も〝そう、ありがとう〟とお礼を言って…。飛び出したあとの二時間は、毅がクールダウンするために必要な時間だったと思っています。それに親子二人だけの、貴重な時間にもなりましたし…」

母と息子はそうやって、怒りを静めて家に戻った。それを何回も何回も繰り返した。怒りが爆発することはなくならなかったが、この『母と息子の二時間』は、実はとても大切な絆の確認の時間になっていった。

しかし、不登校の傾向は四年生になると、ますます顕著になっていく。一学期も半ばを過ぎるころには、学校が終わる頃にちょっと顔を出す程度になっていった。

「そうこうしているうちに、クラスの生徒たちが騒ぎ出したんです。〝なんで毅君は、遅刻してきたのに体育に出てもいいの？〟って。うちの学校では、遅刻してきた生徒は体育に出てはいけないというルールがあったんですね。それで、そのことを盾に子どもたちが遅刻してくる毅が体育に出るのはずるいんじゃないか、と言い出しました。そもそも、毅も含めて子どもたちはＡＤＨＤのことを知りませんでしたから…。怠けているとか一人だけずるいなんて、子どもたちのほうが言い出したんです」

それで、ゆかりさんは本人にカミングアウトする時期が来たと思った。

当時、夫は、ゆかりさんが病院に連れていったからＡＤＨＤという障害名が付いた、と言っていた。つまり、「病院さえ行かなければ問題なかった」という論理。決して毅君の状況についてバックアップしてくれるような感じではなかった。そういう家庭内の状況もあったので、毅君に告知するのはどうしたものか、と幾晩も悩んだそうだ。

「クラスで問題になり始めた頃、毅がある日いきなり言ったんです。〝お母さん、僕頭がおかしいの？　だからお母さんは僕を病院に連れていくの？〟って。それで、これ以上、隠していてもよくないのではないかと決心し、すぐ本人に話すことにしたんです。頭がおかしいんじゃないのよ、ＡＤＨＤっていうのよって」

六月の初め、まだ梅雨が明けず、うっとうしい日のことだった。キッチンのテーブルに毅君を座らせて、話をした。


「がまんできなくなるでしょう？

すぐ泣きたくなったり、怒りたくなったりするでしょう？

学校でも嫌なことがあると帰りたくなったりするよね？

でもね、決して頭がおかしいんじゃないの。

いろんな情報が頭に入ってくると、全部一緒になってしまうのよ、毅の頭は。

ママも同じ。情報アンテナが、なんでもかんでもまとめてキャッチしてしまうの。

それがいい時もあるけど、困ることもあるの」

ゆかりさんは、どこまでわかってくれるのか、不安でいっぱいだったのだが……。

「毅がね、〝そうなんだよ、ほんとに困るんだ〜〟って言ったんです。私もそれを聞いて、〝えっ！ あなた、困っていたの？ そうだったの？〟って思わず聞いたら〝そうだよ〜〟としみじみ話してくれたんです。それからですね、怒りが爆発しても、対処の方法がわかってきたのは。キーワードは〝困ったね〟だったんです」

合言葉が見つかった時、母と息子のつながりは、再び強くなった。

「それからは、学校でイライラしても、『ダメな毅』ではなくて『困っている毅』なんだと本人が自覚するようになったんです。これは、彼にはとても良かったと私は思っています。本人の行動も変わってきましたから…。なんにでも当たりまくるというのではなくて、当たりたくなったら〝僕、困ったよ〟と怒りを言葉で表現できるようになったんです。本人の行動が変化するようになると、夫も少しは理解しようとするようになりました」

そこで、今度は夫にもう一度説明することにした。

いろんなタイプの脳があるということ。情報をいっぺんにキャッチできる脳みそもあるけど、キャッチしたらこんがらがる脳みそもあるということ。これは珍しいことではなくて、誰にでも起こりうるということ。しつけの問題でも、環境の問題でもないということ……。

そういったADHDに関することを、一つ一つ、ゆかりさんは自分の言葉で説明した。夫は黙って聞いていたのだが、話が終わるとひとこと「わかった」と、言ってくれた。

それからは、夫の行動も変わった。子どもの挑発に乗らないよう努力しはじめ、また、夫のほうも子どもの怒りを挑発しないようになったのだ。

同級生には、四年になって新しく転任してきた、今の担任から説明してもらった。

「みんなにも得意なことと不得意なことがあるでしょう？　毅君もそうなの。毅君は情報を整理整頓することが苦手だし、じっくり集中することが苦手なの。今は学校に来られないけど、その苦手なところを克服しようと頑張っているんだよ。だからわざと遅刻をしているんじゃないの」

「保護者のほうには、三年生の三学期最後の保護者会で私のほうから話していました。最近、落ち着かず、不安が強く、不登校気味であること。友達ともめることもあること。相談所に通っていて、良いほうに向かうよう努力しているので、何かあったら直接言ってほしいこと…。そういったことを簡単に話しました。そして、会が終わったあとで、〝もっと早く話してくれればよかったのに〟とか〝詳しく聞かせて〟と言ってくれた人には、ADHDのことやリタリンのことも伝えました。〝けんかになったらどうすればいい？〟とか〝パニックになったらどう対応したらいい？〟と聞いてくださる方には、具体的に対応策も説明しました。子どもたちには〝ADHD〟という具体的な障害名は伝えていません。でも話したことで、子どもたちもそれなりに納得したみたいで、また、友達関係が復活しました」

カミングアウトは言い訳に過ぎないと受け止める保護者もいて、相変わらず〝しつけが悪い〟とゆかりさん親子は陰で非難されていた。だが、非難する人の半分でも理解者が出てきてくれたことは、ゆかりさんを勇気づけた。

それまでは、誰かが集まってヒソヒソ話をしていると、「また、自分のことを言われている」と過敏になっていたが、今では「なになに？　うちの子のこと？　また何かやりました？」とこちらから近づいて話しかけるタフさも身につけた。

「結局、相手がどう受け止め、評価するかは相手の問題だと割り切れるようになったんです。子どもや夫に対する対応と同じ方法を、そういう保護者たちにも取ればいいんだとわかったんですね。相手が集まって悪口を言っていたとしても、そういう挑発には乗らない。過剰に反応もしない。最初は辛いですよ。やっぱり、どうしてそんなこと言うの？　って思うから…。でも、こういう意地悪なことを言う人は、きっと家庭でおもしろくないことがあったんだとか、心がムシャクシャしているんだと思うようにしたんです。要するに、うまくいっている時の精神状態じゃないんだって。そうしたら、不思議と冷静に対処できるようになりました。私が相手の挑発に乗らないと、当てが外れたと思うのか、だんだんそういう中傷も減ってきました。この方法、けっこう効果的ですよ。気を使わなくてもいいんだと思えるし…」

親が陰口を言わなくなると、その子どもも言わなくなる。

三年の終わりから四年にかけてギスギスしていた子どもたち同士の関係も、やがて丸く収まっていった。五年生になると、登校は難しくても、放課後に友達と遊ぶことができるようになった。本人も「今、理科の授業中だよね」などと、学校のことを気にし始め、時間割を確認しては、好きな授業の時だけでも学校に行こうと努力するようになった。

毅君の登校拒否は今も続いている。だが、変化の兆しは確実に見えてきている。

「六年生の今でも、パニックになることはあります。〝悪いのはどうせ僕だ〟なんて捨てゼリフを吐いて、泣いてわめいて怒りまくる。でも、気持ちを言葉で表せるようになったことは、本人にとって大きいようです。それから『困る』という合い言葉の存在も。今は、そうやって言葉にしたり、新聞紙を丸めて作ったバットでベッドをたたいたりして、怒りを発散しています。いずれも、私が彼の挑発に乗らないのが大前提で、〝止めなさい〟も〝こうしなさい〟も言わない。そうすると、五分から十分くらいで、クールダウンできて、〝さっきは疲れていたから意地悪なことを言った〟なんて言ってきたりするんです」

昨年までは遊んでいる時でもパニックになることがあったが、今はそうなる前に、その場を離れられるようになった。ゆかりさんは最後にこううれしそうに付け加えた。

「本人が自分の心の状態を理解しようと努めているのがよくわかります。学校にも、できるだけ行こうと頑張っているんです。担任の先生も〝学校に来るように〟とは言わず、〝今日の給食はハンバーグだ〟とか〝理科の実験がある〟などという表現で、適当に登校を促してくれています。本人は不登校児でも、頑張れば社会的に自立できると考えているので、中学をどうするか検討しているようです。そうやって、息子は息子のペースで社会の中で生きていければいいんじゃないかと、今は考えています」

ゆかりさんと毅君が見つけた方法、つまり「心の状態を表すキーワードを見つける」という方法は、かなり効果的だった。以後、パニックになると「困った」、カーッとしても「困った」、怒りが抑えられなくなっても「困った」。このキーワードは、毅君にとっては自分のしんどい状況を説明する言葉に、ゆかりさんは息子の状況を理解する言葉になっていったのである。

4　他の疾患との関係

最近、目立つのは、ＡＤＨＤだと診断されていたのに、他の障害もあると再度診断されるケースだ。診断名が変更したり、新たに加わることで、親はこれまでの教育方針の軌道修正をしたり、新たに情報収集する必要が出てくる。

関東地方に住む泉さんの息子・龍一君は五年生だが、二年前にアスペルガー症候群という診断が加わった。今後の療育を含め、親子はこれからどのようにしていったらいいのか、現在模索中だ。

ＡＤＨＤからアスペルガーへ診断が変わってしまった

――「アスペルガー症候群」についての情報不足に格闘する日々

三人兄弟の長男である龍一君がＡＤＨＤと診断されたのは六歳の時だった。

「幼い頃からマイペースで、いつも周りの子どもたちとはどこか違う気がしていました。それが、確信に変わったのは幼稚園に入った時。集団行動が取れないので、いつも和を乱してしまう。保育参観に行っても一人違うことをやっている息子を見ながら、どうしてうちの子だけがこうなんだろう、どこで育て方を間違えたのだろう、と自分で自分を非難する日々でした。当然、そのころはＡＤＨＤなんて知らないので、厳しく叱責する。叱責しながら、自分が情けなくて、息子がわかってくれないのが悔しくて、私自身涙が止まらなくなりました。すると長男も泣きながら、〝お母さん、泣かないで。もうしないよ〟と言って、私に抱きついてきます。でも、また、すぐ同じことの繰り返し。悪気はないのだけれど、お友達をたたいたり、けったり。先生にはなんでちゃんとできないのかと怒られ、保護者会では問題行動を起こす子がいると問題にされ……」

当時の生育歴をまとめたファイルを見ながら、この頃は本当に虐待寸前だった、と語る。そのファイルは厚さが二センチほどあり、中には、
○胎内にいた時の様子
○出産時の様子
○出生時の身長・体重などからその後の生育歴・病歴
○どんな事件が起こったか
○どんな問題行動を起こしやすいか
○その時にどう対応をしたか
などが、年齢別に具体的かつ簡潔に、イラスト付きで紹介されていた。

「ある日、他の園児から、みんなと同じ行動が取れないのはいけない、と責められた息子は『神様が僕を悪い子につくったから、もう僕はいい子にはなれないんだっ！』と叫び、泣いたそうです。すでに、その時にはもう、自分は悪い子だ、という刷り込みがされていたんでしょうね。これも、親である私や夫を含め、周囲が厳しく叱責し続けたことの影響が、少なくないと思っています」

それまでは、どんな専門機関に相談しても「年齢が上がれば変わります。もう少し、

様子を見てください」の一点ばり。どこに行っても答えは同じだった。

だから、ＡＤＨＤという納得のいく診断が下ったことは、泉さんにも龍一君にもささやかな救いになったはずだ。

「確かに、楽にはなったんです。ＡＤＨＤについての本を読みまくり、療育センターでグループセラピーを受け、月に一回は大学病院にも通い、リタリンも飲ませましたから。でも、すぐに、問題行動が改善されることはなかったんです。それどころか、効果よりも副作用のほうが大きく、知的に問題がないため通っていた児童相談所もやめたりと、試行錯誤の連続。秋からは、二週間に一回グループ療育にも通うようになりました。龍一は楽しんでいましたが、具体的な効果は今ひとつ現れてはきませんでした」

トラブルは相変わらず続いた。感情の起伏が激しく、些細なことが原因でパニックを起こしてしまう。

幼稚園の保護者会で、個人名を出さないまでも「問題行動を起こす子がいる。先生はどう対応しているのか」と、暗に突き上げられたのもこの頃だ。

泉さんはボロボロ泣きながら、息子がＡＤＨＤであり、行動を抑制できないことをカミングアウトした。その結果、周囲は好意的に受け止めてくれて、中にはバックアップしようとする母親たちも出てきたのだが、龍一君本人の問題行動は少しも変わらなかった。

「もはや、限界でした…。死を考えたのもこの時期だったと思います。〝お母さんと二人でどこか遠い所へ行こうか。だれもあなたを傷つけない、誰にも迷惑をかけずにいられる所へ〟というと、龍一は泣きながら〝嫌だよ、ここにいたいよ〟って……」

そう言いながら、「これって本当に親失格ですよねぇ」と続けた。

そこまで、泉さんを追いつめたもの――それはADHDを持つ子にとって効果的だと言われる薬や療育が、あまり効果を示さなかったという現実かもしれない。あるいは、

「やるべきことがわかっているのに、自分が感情的になってできない……」

そんな自己嫌悪感が無意識のうちに心の中に蓄積し、焦りが生まれて、ますます自分を追いつめていったのかもしれない。

だが、息子の「ここにいたい」という言葉は、泉さんを現実に引き戻した。

「どうしてうまくいかないんだろう」という戸惑いを捨て、「この子のために私は何ができるのか」と、発想の転換を図ろうとしはじめた。

「小学校入学時には、就学時健診で龍一のことを相談しました。生育資料も提出しました。うちのエリアは普通学級でも特殊教育の学級でも好きなほうを選べるんです。息子の場合は知的に問題があるわけではなかったので、普通学級に進みました。その上、障害児学級の副担任の先生が、一年生の間はほとんど毎日、息子のクラスに付き添ってくれました。保護者会で、なぜうちのクラスだけ先生が二人いるのか問い合わせてきた親御さんが何人かいらっしゃったので、ＡＤＨＤについての新聞記事と簡単な資料を配って説明しました。一、二年生のクラスは子どもたちも保護者も、とても温かく見守ってくれて、本当に恵まれていたと感謝しているんです」

とはいえ、龍一君の問題行動は続く。そのつど、子どもと二人、菓子折を持ってあやまりに行った。けれど、その帰り道はいつも、車の中で涙がドーッと出てしまう。

「そんな私を見て、息子は〝俺なんか生まれてこなければよかったと思っているんでしょう？　俺なんかいないほうがいいんだっ！〟と泣きます。そして、また、私も涙が止まらなくなってしまう…。自分のせいで、お母さんが泣いているんだということはよくわかっているんです。本当に、そういう意味では優しい子なんです。ただ、コントロールが利かないだけで……それを頭ではわかっていても、こうしょっちゅうあやまりに行くことになると、本当に情けなくなってしまう…」

子ども同士仲良くしている家庭から、怒りの電話が入ったこともあった。

何にもしていないのに、うちの子はずっとお宅の子どもからたたかれ続けてきたのだ。今まで黙っていたけど、もう限界だ……。

主治医から「アスペルガーではないか」と言われたのは、そんな電話をもらったころ、三年生の秋口だった。

「アスペルガーといわれて、正直思い当たることがいくつもありました。一歳の時ですが、食卓の上に箸置きを並べてお箸を使って電車ごっこをするのが大好きだったのですが、一度それを始めると何時間も一人でグルグル電車の真似をして遊んでいるんです。小学校に上がってからも、長ズボンしかはこうとしなかったり…。肌が露出するのがいやなのか、洗濯してずぶぬれのままの長ズボンをはいて登校しようとする。ズボンは全部洗ったから短パンで行きなさいと言ったら、朝からパニックです。時計のチクタクいう音や鉛筆で字を書く時のサラサラという音が気になって、テストが手に着かないとか…。昔から感覚とか音にも強いこだわりがあったんです」

注意力散漫、集中力が続かない、衝動性・多動性があるなどＡＤＨＤと思えるような傾向が強い半面、そういった自閉的傾向は小さい頃からあった。六歳の時点でＩＱが一二〇近くもあったことも、医師が見過ごしてしまう一因になったのかもしれない。

「アスペルガーだとわかると、逆に納得のいくことも出てきました。例えば、龍一は人の表情が読めないというか、場が読めないんです。先日も公園で赤ちゃんが泣いていたんですね。すると、つかつかとその子の親の前に行って、〝こんなに赤ちゃんを泣かすなんて、親失格だ〟みたいなことを平気で言ってしまうんです。確かにそのお母さんは赤ちゃんのいる場所から離れて立ち話をしていたので、息子の言うことももっともなのですが…。とにかく息子には場が読めないから、そこでの人々の感情の流れがわからない。後から〝どうして、あんなこと言うの？〟と聞いても〝だって、その通りだからしょうがないじゃん〟って…」

学校では、そういう事情をわかってくれている先生や同級生、保護者がそれなりにいるので、大した問題にならない。

だが、地域社会ではそうはいかない。子ども会の行事に参加すると、必ずもめごとを起こしてしまう。参加する地域の子どもたちにはADHDのこともアスペルガーのことも知らせていないので、龍一君の行動は理解されず、単なる『ヘンな子』と捉えられてしまう。また、本人も、周囲の大人が好奇の目で自分を見ていることを敏感に察知し、ますます意固地になる。よその親の注意など一切聞かず、参加者を苛つかせ引っかきまわしてしまう。

「だったら、参加させなければいいじゃないか」という声も聞こえてきそうだが、地域の子どもはみんな参加するので当の本人も楽しみにしている。しかも参加する前は本人もトラブルを起こさないよう固く決意している。それを知っている親としては「もめごとになるから行くな」とは言えないし、言いたくない。

「今までは、ADHDの資料を作ったり、息子がどういう行動を取るか、そういう時にどう対処してほしいかなどを一枚の紙にまとめて、保護者に配り理解を求める努力をしてきました。でも、最近は、親向けにそういう資料を作ることがいいのかどうか、迷っているんです。息子と対応するのは子どもたちで、その子たちは息子の障害についてよくわかってくれています。〝急に怒ったり泣いたりするのが龍一で、そういう苦手なことを克服するために特別な訓練を受けて頑張っている〟と捉えてくれているんです。そういう土壌ができあがっているのに、わざわざ『うちの子を理解してください』と書いた資料を配るのは、どうなんだろうか？　よけいな誤解を生まないだろうか……といろいろと揺れています」

泉さんは「障害について話すことの難しさ」をつくづく感じていると言う。だから、最近は、周囲の人に対して、「こうしてほしい」と願うのではなくて「やってくれたことをありがたい」と思うようにしているそうだ。そして「どう対応したらいいの？」と聞かれて初めて「こうしてくれるとありがたい」と話すようにしている。

「診断に合わせて薬を変えてから、少しずつ落ち着いたり、やる気が出てくるようになりました。パニックを起こすことも減りました。薬の効果も持続するみたいで、龍一の体質には合っているようです」

アスペルガーの情報もまだまだ不足していて、これから中学生になったとき、どう対応していけばいいのか、問題は山積みだ。

「龍一は一見したところでは、全く健常児と変わったところはありません。知能も高く、言語能力も劣っていないからです。でも、そのことが、かえって彼の障害を理解しづらいものにしているのも、また事実なんです。だからこそ、〝理解してくれ〟と押しつけるのではなく、理解してくれそうな人を見つけて〝伝えていく〟。それがこれからの課題だと思っています」

泉さんは、そう言って、きゅっと口元を結んだ。「そう口にすることで、自分を叱咤激励し、意を新たにしているんですね、きっと」と言って笑った。

自閉的傾向（広汎性発達障害）と診断が変わって戸惑う

――ADHDを持つ他の子とは、崇君はどこかちょっと違っていた

最後に登場する浩子さんも、新たな問題に直面している一人だ。

学校や保護者との問題は、地道に教育相談などを利用しながら、うまい方法を探って行こうと奮闘しているのだが、最近、小学三年生の息子・崇君の診断名が変わった。ADHDではなく、広汎《こうはん》性発達障害だと言われたのである。

「先日言われたばっかりなので、まだどうしたらいいのか、指針も見えないでいます。確かにADHDにしてはちょっと他の子と違うかなあと思う面もあったんです。ADHDの子どもたちが集まるキャンプに行った時などは特にそう思いましたね。他のお子さんはとっても元気に遊んでいるのに、うちの息子は一人で遊んでいたり…。昔から匂いとか音には非常に過敏でしたし…。車のエンジンの音、バスがふかす音など、そういうのが全部ダメで、聞くとパニックを起こしていました」

触感も敏感だった。触るのも触られるのも全然ダメだったし、人の顔の認知も弱いように思えた。三回くらい会っていても「誰、この人？」などと聞いてくるからだ。

「今はまだ、今後どうやっていけばいいのかわかりません。でも、学校の特殊教育とは別に、民間の療育施設にも通い始めました。厳しいという評判のところで、できるまで絶対にギブアップしないんです。息子が通っている特殊学級では、すぐに〝できないの、じゃあしょうがないね〟という感じですが、ここは〝きっとできるから頑張ってみよう〟という姿勢。学校の教育方針とは大きな隔たりがあるのがちょっと気になっているんですが、とりあえず、一年間は続けてみようと思っています」

最初にＡＤＨＤと診断されたのは一年生の終わりだった。

それまでは「どうしてうちの息子はこんなにひどい問題児なのだろう。何がいけなかったのだろう」と毎晩泣いていた。診断がついたらついたで、必要な教育をどうやって与えればいいのか、誰に相談したらいいのか、方法がわからずに苦しみ続けた。

ようやく、少しだけ特殊学級で個別指導を受けられるようになり、ほっと一安心したのに、今度はまた新しい診断だ。また振り出しに戻ってしまった。

「今一番努力しているのは、生命の尊さを教えるということについてですね。うちの息子は、虫とかトカゲなんかを殺してしまいます。確かに、この年頃の男の子は、誰でも命の不思議を知りたくなるのかもしれません。夫も同級生の親御さんたちも〝自分もそうだった〟〝うちの子もそうだった〟と言っています。でも、ほんとにそれだけなのか……。事件を起こした人が小学生時代に動物を殺したなんて聞くと、ほんとに心臓がドキドキしてきます。息子の障害とは関係ないとわかっていても、つい、いろんなことと結びつけて考えてしまい、また不安になってしまうんです」

浩子さんが、崇君に合った教育を全身全霊で模索しているのは、「絶対にそんなことはさせない、私の命にかけても」という強い覚悟の現れなのである。

「今できることは何か、教えられることは何か、どうすればこの子が社会でやっていけるか、常に探しています。答えはまだないんです。ひたすらこの子に合った教育を探し求めるだけですね。私一人でやるのではなくて、先生方や他のみなさんのお力も借りながら……」

不安はある。数えだしたらきりがない。

でも、不安を抱えたまま立ち止まっていても何も解決しない。

「だから、今はとにかく絶対に諦めないで、毎日をていねいにやっていくだけです」

浩子さんが小さな声で話してくれたのは、大きな決意だった。

ここに登場した十一人の方々は、みなさん、本当に苦しく、孤独な時間を経験されています。

「今も大嵐の渦中で、舵をどっちに取ったらいいかわからない。このまま消えてなくなりたい」と、泣きながら話してくれる人もいました。周囲の理解が得られず、子どもより先に、自分自身が参ってしまっている方もいます。

それでも「きっと誰かの参考になると思うんですよね」と言いながら、ご自身の体験をつぶさに話してくれました。

この勇気が、あなたのところにも届くといいと思っています。

第2章

子どもたちの生活を応援したい！

―親や教師が心がけたい2大原則と8つのポイント

1　大人にできるサポート2大原則8箇条ってなんだろう？

子どもたちを応援していくうえで、親や学校の先生など周囲の大人にできることとは何だろうか？

「えじそんくらぶ」代表の高山恵子さん、特殊教育の専門家で情緒障害児指導歴二十年の森孝一先生（福岡県情緒障害教育研究会事務局長）のお話に加え、学校関係者や親たちの取材を通して見えてきたことがある。まず、そこから説明しようと思う。

原則1　セルフエスティームを傷つけない＝子どものプライドを大切にする

これは、多くの専門家が提唱している対応方法で、親や教育関係者に限らず、すべての大人に当てはまる基本姿勢だ。

セルフエスティーム（self-esteem→self＝自分／esteem＝評価する・尊重する）とは、「自尊感情」「自己評価」「自己有能感」というような言葉に置き換えられるが、厳密には、まだまだ日本語には定着していない概念でもある。高山さんはセルフエスティームについて、以下のように説明している。

「性格・長所・弱点・障害・特技・外見など、自分のすべての要素をもとに作られる（1）自己イメージに対して、（2）自分の価値を評価し、（3）自分を大切にしようと思う気持ち」

具体的に言うと、例えば「セルフエスティームが高い」とはこういうことだ。

ありのままの自分を肯定できること。そのうえで「自分はダメなやつだ」と思ったりせずに、自分についてのいいイメージを持つことができること。そして、「どうせ自分なんか何をやっても価値のないやつなんだ」などと思ったりせずに、自分の存在価値を認められること。その上で、自分を大切にしようと思えること。

ひとことでセルフエスティームが高い、といっても、その言葉の裏にはこれだけの要素が含まれているのである。

逆に、セルフエスティームが低くなると、自分の内面に自信がなくなり、自分がどういう人間なのかわからなくなってしまう。その結果、どんどんマイナス思考になっていき、自分の弱点を他人のせいにしたり、失敗すると言い訳ばかりしてしまう。自分の可能性など信じられなくなり、人から大切にされていない、大切にされる資格などないと思い込む。果ては、不登校や引きこもり、うつ状態など、二次障害につながってしまう場合もある。

ＡＤＨＤなどの発達障害をもつ子どもたちは、その障害が一見しただけではわかりにくいからこそ、他の子どもたちよりもセルフエスティームが下がりやすい。このことを周囲の大人は念頭においておきたい。

どんな小さな子どもにも、プライドはあることを覚えておくといいかもしれない。そのプライドを粉々にするような叱責方法、例えば頭ごなしに大声で叱るとか、他の子ども（兄弟や友達）が見ている前で責め立てるような行為は避けたい。大人だって、わざとしたわけではないことに対して、人前で頭ごなしに叱責されると悔しいし、ストレスがたまる。同じような状況下の子どもがストレスを感じ、結果、プライドが傷ついてセルフエスティームが下がっていったとしても、なんら不思議なことではない。

原則2　ネガティブ・メッセージを送らない＝自信を持たせる

原則１でも触れたが、ＡＤＨＤの子どもたちは、そのわかりにくい障害のために、大人から叱られることが多い。

「じっとしなさい！　一緒にいると苛つくのよっ！」「どうして、この間はできたのに今日はできないの。わざとやってるんでしょ！」「何回言ってもできないダメな子ね！」などなど、弁明の余地を与えず一方的に叱責するということは、子どもの行動を全面的に否定することであり、ネガティブ・メッセージを送ることでもある。セルフエスティームを傷つけないようにするためには、こういったネガティブ・メッセージを送らないようにすることが大切だ。

例えば、簡単な指示が飲み込めず、従えないADHDの子どもがいるとする。

その状態だけを捉えて、「なんで、何回説明してもわからないのっ！　人の話をちゃんと聞きなさいっ！」と、つい他の子どもがいる前で叱ってしまうと、それは子どもの自信喪失につながる。本人はわざと指示に従わないわけではないのだから、「やろうと思っているのに。どうせ何をやっても叱られる」→「言われたことができない自分はやっぱりダメな人間だ」→「そんな自分なんかいないほうがいいんだ」と、マイナス思考に落ち込んでいってしまうのである。

ネガティブ・メッセージを送らないということは、子どものセルフエスティームを大切にするということと、表裏一体なのだ。

次に、これらの原則を守るための法則を紹介しよう。

1　成功体験を積ませる

今までできなかったこと、例えば「洋服をたたむ」という行為ができるようになる。それは立派な成功体験だ。あるいは「毎日お風呂の水を取り替える仕事」を頼み、それをちゃんと実行することができる。それでもいい。どんなささいなことでも、「自分も頑張ればできるんだ」という体験を積み重ねていくことが、子ども自身の達成感につながる。そして達成感が得られれば、自信をもつことができる。

後ほど紹介する、森先生の「ごほうび磁石方式」も、小さな成功体験を積み重ねることで、子どもにルールを覚えさせていくやり方だ。

なお、薬を飲んでいる場合は、その効果が持続している間に、成功体験を積ませていくというのが確実な方法だろう。

2　望ましい行為をしているところを見つけて、ほめる

大人はどうしても、子どもの行動の悪いところばかりに目がいきがちだ。

だが、よくよく子どもを観察していると、どの子にも「ほめられてもいいような、望ましい行為をしている場面」が必ずあるはずだ。大人はそれを見逃さないようにしたい。見たらすかさず「すごいね～」「えらいね～」「よくできたね～」とほめる。ほ

められることで、子どもは自分に対してプラスのイメージを持つ。特に、他の児童や兄弟の前でほめるのは効果的。そうされることで、また自信につながり、セルフエスティームを上げることに役立つ。

3　得意・不得意を見極め、苦手な面を少しずつ、繰り返しトレーニングする

ＡＤＨＤを持つ子は、自分の興味のあるものには何時間でも熱中して取り組む傾向がある。その傾向を上手に生かしたい。

絵でも音楽でも算数でも少林寺拳法でも何でもいい。何か、子どもが好きなもの、夢中になれるものを見つけるといい。そうやって得意な事柄を増やす一方、逆に苦手なことは何かを見極める。苦手な点は紙などに箇条書きにして書き出す。それが、子ども自身が克服しなければいけない具体的な目標になる。それらの目標を毎日達成するたびに、子どもにごほうびを与えるとよい。そうやって繰り返しトレーニングしていくのだ。こういった克服もまた、貴重な成功体験になる。

4　人前で叱りつけない

これは、セルフエスティームを下げないために、大切なこと。人前で何か気になる言動をした場合、叱りつけずに注意ができるよう、事前にサインを決めておくといい。

肩に手をおく、背中を軽くたたくなどの「要注意サイン」を決めておき、問題行動をしたときは、そのサインをしながら注意を促す。

「例えば、人前でカーッとしたら深呼吸する、という合図を決めておく。後日、子どもがカーッとした場面になったら〝深呼吸してごらん〟といって実際に深呼吸させる。叱りつけなくても、これだけで落ち着くケースはよくある」(高山さん)。

5 乱暴な子、ダメな子、本当はできるのにやらない子とレッテルをはらない

これらはまさにネガティブ・メッセージ。ADHDという障害を理解していないと、どうしても「A君は乱暴だ」「Bちゃんはわざとやらない子だ」などと決めつけてしまいがちだが、これは絶対に避けなければいけない。

ADHDを持つ子が他の子どもに乱暴したときには、頭ごなしに「乱暴者!」と責めず、その行為について具体的にどこがいけないのか注意する。また、乱暴された子どもの気持ちも十分にフォローすることが大切だ。「C君は乱暴したけど、わざとやったわけではないのよ。我慢しているけどできないときがあるの。我慢するために、特別な訓練もしているのよ」などと説明し、ADHDについての理解を促したい。

ネガティブ・メッセージは、他の子どもたちにも伝わりやすい。情報が伝われば、

大人から〝いじめのお墨付き〟をもらったようなもの。ＡＤＨＤを持つ子をばかにしたり、仲間外れにしたりする可能性は大きいと考えるべきだ。

6　子どもを好きだと言葉で表現する

「セルフエスティームの下がっている子ども、ネガティブ・メッセージばかり受け取っている子どもは、自分はダメなやつだ、価値がない、だから親や教師から見放されてしまうんだ、と思っていることが多い」（高山さん）

だからこそ、憎くて叱っているわけではない、という情報を確実に伝えたい。子どもが問題行動を起こしても、「Ｄ君のこと、私は大好きよ」とできる限り言葉で伝える。これがポジティブ・メッセージになる。「どれだけ叱られても、嫌われるわけではない」と知っていることは、自己を肯定する力にもつながっていく。

7　優先順位を決め、簡潔な指示をわかるところに書いておく

「顔を洗って、歯を磨いて、洋服を着替えなさい」と一度に言うのではなく、「顔を洗って」「歯を磨いて」と一つずつ分けて、順番に、指示を出す。優先順位を付けた簡潔なリストを作り、目立つ場所にはっておく。リストをもとに指示を出せば、子どももそれを見ながら、自分で確認しつつ作業することができる。後から登場する、森先

生の「姿勢イラスト」や「声の大きさ調節ボード」なども、これと同じ論理だ。指示を出すほうは少々面倒だが、障害の特徴、つまり子どもがどういうことが苦手なのかといった面を考えると、この手法はかなり効果的だといえる。

8 親や教師がストレスをためない・味方をつくる

実はこれは非常に大事なことだ。普通の生活をしていても、日々ストレスがたまっていくのに、まして子どもと向き合い、できるだけ良い方向にもっていきたいと頑張れば頑張るほど、ストレスの度合いは強まっていくだろう。

ストレスがたまれば、つい子どもに対して感情的になったり、怒りをぶつけたりしてしまいやすい。そうならないようにするためにも、まずは大人が自分のストレスをためないよう心がけたい。

また、感情的に叱ってしまい、自分自身で「まずい！」と自覚することもあるはずだ。そういった場合は、あとからでもいいので、その「感情的に叱った事実」を子どもに真摯《しんし》にあやまる。と同時に「なぜ叱らなければいけなかったか」を再度説明するといいだろう。「私も○○があってイライラしていたから、つい必要以上に厳しく叱ってしまった。ごめんなさい」のひとことが潤滑油になるケースは多い。

Column 1

こうやったらうまくいった！

具体的な絵を描いて、ルールを教える

小学校二年生の稔君は、多動が激しく、乱暴な男の子でした。ついカーッとしては、クラスメートの女の子をたたいて泣かしてしまいます。どれだけ「やめて！」と女の子が言っても、興奮したら稔君は自分を抑えることができません。いくら先生が注意しても、親が叱っても、いっこうに暴力は治まらない。やがて、クラスでも問題児になってしまいました。

そこで、通級指導教室の先生は、簡単な絵を二枚描きました。いずれも「稔君がクラスメートの女の子をたたいている絵」です。そして、一枚は親に、もう一枚は担任の先生に渡しました。

母親は、朝、登校する前にその絵を稔君に見せて、説明します。

「この絵のように、お友達の女の子をたたくのはいけないことなんだよ。だから、イライラしたりカーッとしても、たたいたらダメだよ。たたかなかったらごほうびをあげます」

学校に着くと、今度は授業が始まる前に、担任がまたその同じ絵を稔君に見せます。そして全く同じ説明をします。

この「ルールを絵で見せる」方法は、すぐに効果が出てきました。

稔君には、「たたいてはいけない」と言葉で説明するよりも、「何をしたらいけないのか、絵で示される」ほうが、ずっと理解しやすかったのでした。たたかなかったらごほうびをあげる、という手法もよかったようです。

稔君は、すぐに女の子のことをたたかなくなりました。

2　子どもたちは、今日も元気に勉強する！
―福岡県福岡市立簀子《すのこ》小学校情緒障害通級指導教室の一日

ところで、ＡＤＨＤを持つ子どもの教育について考えるとき、必ずと言っていいほど耳にするのは、「情緒障害学級」の存在だ。

ところが、情緒障害学級は、都道府県によって呼称も違えば、制度も微妙に違うなど全く状況が異なるため、一概には語れないのが現状。各自が市区町村の学務課や教育委員会などに問い合わせて、地元の状況を個別に調べていくしかない。

ここでは、情緒障害教育に熱心な福岡市のケースを紹介しよう。自治体によって違うとはいえ、おおよその姿をイメージするのに役立つのではないかと思う。

＊　　＊　　＊

朝九時二十分。鈴木君（小二）、佐藤君（小一）、田中君（小一）、木村君（小一）の四人（四人とも仮名）が、それぞれ教室に入ってきて、着替え始めた。みんな、時間はかかりながらも、一生懸命体操服に着替える。「今日の授業、何から？」とズボンをくしゃっとたたんで聞くのは田中君。「なんだっけ、言葉遊びかなあ」と木村君。「違うよ、ボトル倒しだよ。絶対！」そう大きな声で話すのは佐藤君だ。

鈴木君がみんなより早く着替え終わり、服をていねいにたたんだ後、着席する。続いて、田中君に木村君も、衣類を所定のかごに片づけてから着席。佐藤君は、なかなか着替えが進まない。服を着替えるよりも、田中君ともっと話したい気持ちが強い。

「ねえねえ、田中君、ボトル倒しだってばあ」

ここは、福岡市中央区にある福岡市立簀子小学校・情緒障害通級指導教室だ。今日授業に出席しているのは、ＡＤＨＤやアスペルガー症候群などを持った子どもたちで、みんなそれぞれ福岡市内の各小学校からここまで通ってきている。この教室の責任者は森孝一先生。森先生は特殊教育の専門家だ。

九時半ちょうどに森先生が教室に入ってきた。でも、みんなはまだざわざわしている。あわててズボンをはこうと、佐藤君が焦る。焦るからうまくはけない…。

「佐藤君、まだ着替えてないのですか？　九時半には着席するのが約束ですね」

生徒から見て左側の壁にはマグネットボードで作った「めあて表」（Ｐ１６０参照）がはってあった。ボードには、縦に細長い空欄が四つあり、それぞれの欄の一番上に、今日出席している子どもの名前が書いてある。

森先生は教室を見渡した。約束通り着替えることができた三人には、理由を説明しながら、ブルーのごほうび磁石を一個ずつ、空欄に付けた。約束が守れなかった佐藤君は黄色の注意磁石。それを見て、佐藤君が大きな声で聞いた。

「先生、黄色の磁石は、二個になると赤い磁石に替わっちゃうんだよね？」

森先生は、穏やかな口調で答える。

「佐藤君、発言する前には手を挙げる約束ですよね？　約束は？」

佐藤君は、「しまった」と小さな声で言って、思いっきり手を挙げた。

「はい、佐藤君」

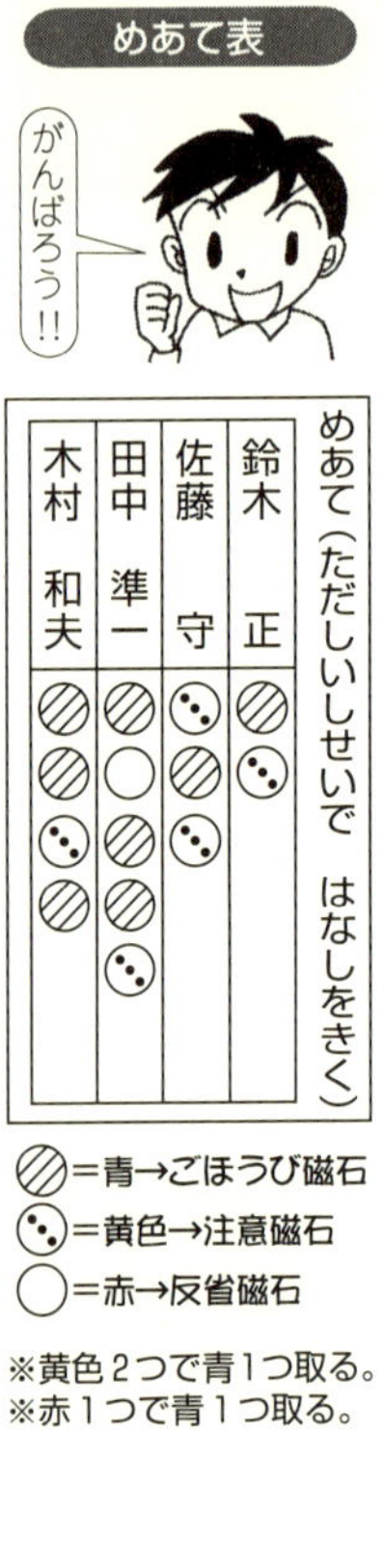

「先生、黄色の磁石は、二個になると赤い磁石になるんだよね?」

「そうです。赤い磁石が二個になると、ブルーのごほうび磁石は一個食べられてしまいます。はい、みんないいですか? 姿勢はちゃんとしていますか?」

黒板の上には、「正しい座り方」という題の書いてある、大きなイラスト(P162参照)がはってあった。前を向いて座っているときの様子が、横から見た形で描かれてある。四人は一斉にそのイラストを見る。そういった具体的な指示があるまで、どの子も座っているときの姿勢は悪い。椅子に浅く腰掛け、足をだらんと投げ出していた。

「はい、このように深く座っていますか? 姿勢はこうなっていますか?」

森先生は、レーザーポインターで、イラストの男の子の座り方や姿勢をなぞっていく。それを見ていた子どもたちは、一斉に椅子を引き、イラスト通りに座り直す。

興味深いのは、森先生が言葉で「ちゃんとしているかな?」と聞いたときは、まだもそもそしていた子どもたちが、レーザーポインターでイラストをなぞりだしたとたんに、求められていることを理解して、パッと行動に移すことができた点だ。

「それでは朝の挨拶です。鈴木君、お願いします」

森先生に指名されて、鈴木君は「はいっ！　起立っ！」と大きな声で号令をかけた。

「おはごうざいますっ！」「着席っ！」

着席したとたん、もう子どもたちは正しい座り方を忘れている。森先生はもう一度、レーザーポインターでイラストをなぞりながら「腰の位置はどこですか？　姿勢はこうなっていますか？」と確認する。イラストで示されると、子どもたちはパッと行動に移すことができる。

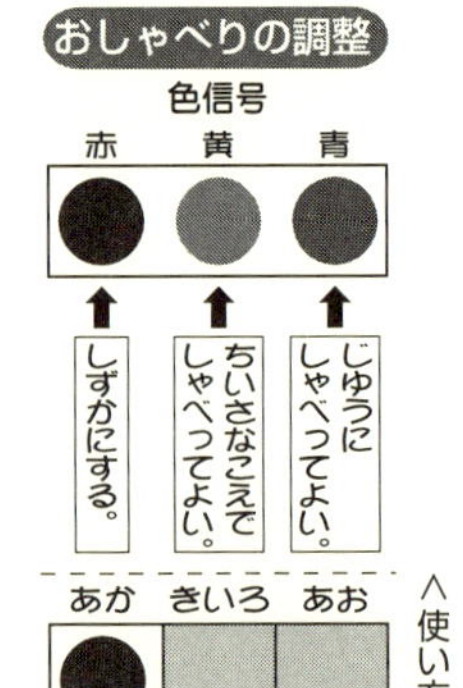
＜使い方＞
※いつもは１色だけ見せる。

最初の授業が始まった。

黒板に書いてある文章を、手元の原稿用紙に書き写す授業だ。

さっさと終わってしまった佐藤君が、斜め後ろに座る木村君に向かって「そうじゃないよっ！　こう書くんだよ」と教え始めた。「そうか〜」と答える木村君。だんだん二人の話し声が大きくなる。声が大きくなるにつれて、田中君は自分の作業に集中できなくなり、イライラし始める。緊張が高まったのか、田中君が大きく息を吸った。

「佐藤君、前を向いてください」

森先生が大きな声で、そう佐藤君に話しかけたのは、まさにその瞬間だった。

森先生の机の上には「おしゃべり調整ボード」と「声の大きさ調整ボード」がある。

「おしゃべり調整ボード」には、赤・青・黄の三色の丸が描かれている。それらの丸は三枚の黒いボードに一色ずつ描かれていて、赤い丸が見える時は、あとの二色は見えないような仕組みになっている。赤丸はしゃべってはいけないマーク、黄色い丸は小さな声なら話してもいいマーク、青丸は自由にしゃべってもいいマークだ。

「声の大きさ調整ボード」も仕組みは同じ。三色の丸の代わりに、こちらには大・中・小の丸が描かれている。小さい丸の時は小さい声で、大きい丸の時は大きな声で話す、というサインだ。これらのボードは、言葉だけではなく、視覚的に指示を理解できるようにと、森先生が考案したものだ。

「佐藤君、今は赤丸です。赤丸の意味は何ですか？　静かにする、ですね」

それを聞いた子どもたちは一斉に静かになった。

「佐藤君、姿勢は？」

森先生はそう言い、また頭上のイラストをなぞった。

この姿勢イラストと調整ボードは、その日の授業が終わるまで、何度も何度も繰り返し登場する。そのつど、子どもたちは自分の声の大きさや姿勢を確認して訂正する。

「鈴木君は姿勢がいいですね。ごほうび磁石一個です」

ブルー磁石をもらうことになった子どもは、どの子もちょっと誇らしげだ。

文章の書き写しは、一人ひとり作業の進むスピードが違う。佐藤君は早く終わったが、文章の後半を写していなかった。森先生は具体的に指示を出す。

「佐藤君、ほら、ここのところ、後ろの文章が抜けていますね。手で一つ一つたどりながら、あと少し残っているところを五番目の升目のところから写しましょう」

木村君は、一度書き終わったのだが間違いに気づき、訂正することにした。ところが、ケシゴムで消そうとすると、焦って原稿用紙がくしゃくしゃになってしまう。消せば消すほど紙はくしゃくしゃになるばかり。思うようにいかなくなってしまった。

「あ〜っ！　もうっ！　どうしてえっ！」

教室に木村君のイライラする声が響く。木村君のそばまで来た森先生は、

「こうやって紙を押さえれば大丈夫ですよ。ほら、またきれいに書けるでしょう？」

と具体的な言葉で感情をサポートする。ケシゴムを使うときに紙を押さえることを忘れていた木村君は、それで少し冷静になることができた。もう一度ケシゴムをかける。今度はうまくいった。うまくいったら、ちょっと自信がついたのか、思いっきり手を挙げた。

「はい、木村君」

「先生、できました！」

木村君の原稿用紙を確認した森先生は、「よくできましたね、ちゃんと手を挙げることもできました」と言ってマグネットボードにブルー磁石を二個付けた。

次は、単語づくりの授業だ。「さ、わ、す、お」のつく単語を三分以内で、できる限り考える。そして、考えた単語を配られた紙の、それぞれの欄内に書くという認知

の学習だった。

机の上の「おしゃべり調整ボード」が黄色の丸になった。子どもたちは小さな声で相談し始める。だんだん声が大きくなるとボードはまた赤い丸になる。このようにおしゃべりや声を調整しながら、自由な雰囲気のもと、この学習活動は続けられた。

次の三十分は個別学習、最後の三十分は体育室でボトル倒しなどゲーム学習だ。

その日の授業は十一時半に終わった。わずか二時間の間に、四つの授業がテンポよく行われた。ちょっとしたことでイライラしたり、カーッとなった子どもたちも、帰る頃には満面の笑みを浮かべ、口々に「先生、さようなら!」と言いながら元気よく教室を出ていった。

＊　＊　＊

この日は低学年の子どもたちの授業だったということもあり、「正しい姿勢で座る」「最後まで話を聞く」「座って待つ」「優しく話す」などの社会スキル(技能)、視覚系や聴覚系の学習スキル、運動スキルなどを教えていた。

現在、簀子小学校の情緒障害通級指導教室に通っている児童は三十三名で、ADHD・自閉症などの情緒障害のため、通常の学級では対人関係が築けなかったり、トラブルを起こしたりしていた子どもが多い。そういった通常の学級ではなかなかフォローしにくい苦手な面を、一人ひとりのニーズに合わせて個別指導を行うことで支援していこうとするのが、こういった通級指導教室だ。

たとえば、「めあて表」にごほうび磁石を付けるとき、森先生が口にすることは、すべてそれぞれの児童の個別指導目標に基づいたものである。

「朝の着替え」で言えば、田中君と木村君の目標は「着替えたあとに片づけることができる」だったし、鈴木君の目標は「服などをていねいにたたむことができる」だった。

そういった目標を達成することができたので、この三人は「ごほうびをもらう理由」を説明されながら、「よくできました」というほめ言葉と、肝心のごほうび磁石をもらった。佐藤君は、「ペースを速めて着替えることができる」が目標だったが、それが達成できなかった。だから「ペースを速めて着替えることができなかったので、黄色磁石一個ですね」と具体的に説明をされながら、注意磁石をもらったのだった。

この「めあて表」のポイントは、子どもたちが表の意味をよく理解しているかどうか、という点にある。休み時間になったとき、佐藤君と田中君はマグネットボードの前で「僕には黄色があるから頑張らなきゃ」とか「もうちょっとでブルーが五個になる。そうしたら僕が一番だ」などと話していた。つまり、彼らはこの表が自分の努力の成果を表していることをよく知っているのだ。ごほうび磁石を獲得するということは、自分が目標を達成できた証しなのである。

森先生は、長年の経験からこう語る。

「子どもにはこのように目に見える形で評価すると効果的だ。また、ある程度、学習行動や、態度が身についてきたら、めあて表は駆け引きにも使えるだろう」

つまり、望ましくない行動をしたとき、すでにもらっている磁石（ごほうび）を取ろうとする動作を交えながら、「約束が守れないなら取ろうかなあ」と、言葉にして子どもに何をしなければいけないのかを伝える。

「そこで、望ましい行動に修正できれば、その子の〝自分をコントロールする力〟は少しずつ働き始めていると考えられる。さらに次の段階としては、具体的な目標を掲げ、その目標に沿ってほめていく。さらに上の段階では、自分自身に評価をさせて教師の評価と比較し、今後の努力目標を決めるようにしていく」

ところで、抵抗のある人も少なくないようだが、こういった、行動療法に基づいた方法論には、どうしても〝ごほうび〟が必要になる。

「低学年にはごほうび磁石やシール、メダルなどで十分かもしれないが、年齢があがるにつれて、ちょっとしたお菓子、自由に話すことができるというような自由活動の保障、テレビゲームをする時間がもらえるというようなごほうび活動の提供など、臨機応変に変えていくといい」（森先生）。

また、従来、言葉で説明してきたルール（静かにしなさい、小さな声で話しなさい、など）を、「おしゃべり調整ボード」のようなものを作って視覚的に伝えていく。これもルールを効果的に指導していく方法の一つだ。

適切な行動の意識化

やくそく表

やくそくをまもって、べんきょうしよう。
やくそく
○△✕
1. はなしを　さいごまで　きく。
2. やさしく　はなす。
3. すわって　まつ。
ぜんぶ　○がついたら　メダルが　もらえるよ。

たとえば、大きめの紙に約束事を書いた「やくそく表」を、わかりやすいところにはっておく、ノートに書いておく。そして、そのルールが必要になったときは、その「やくそく表」を直接指さしながら声に出して、どういうルールだったかを再認識させる。つまり、目で見て、耳で聞いて思い出させるわけだ。

「視覚的情報だけではなく、たとえば〝指切りをする〟など、体を使って具体的なイメージを結ばせる方法も効果が高い」と森先生は指摘している。

情緒障害学級で利用されているこういった「ルールを視覚的に理解させたり、体感で覚えさせる」手法は、普通学級でも、家庭でも十分応用できるだろう。

Column 2

こうやったらうまくいった！
リトル・ティーチャー方式（クラスメートが先生）

森先生が実践している方法にＡＤＨＤなど苦手な要素を持つ子どもの「学習ガイド」を育てる、という「リトル・ティーチャー方式」があります。

小学校四年生の賢人君は、落ち着いて授業を受けることができません。そこで、先生は隣の席に座る涼子ちゃんに、賢人君のリトル・ティーチャーになってもらえないかどうか相談しました。「リトル・ティーチャーは、授業中に、ちょっとしたことを教えてあげる役」と聞き、涼子ちゃんは引き受けました。国語の時間になると、賢人君は、どこを読んでいるのかわからなくなってしまいます。そういうときに涼子ちゃんが登場、「今、ここだよ」とそっとささやきます。算数の時間も、賢人君がどこの問題を解いているのかわからなくなると「ここだよ」と数式を指さします。「あっ、そうか」。それまで、すぐ集中できなくなり、わからなくなってイライラしていた賢人君でしたが、その一言が助けになりました。

森先生によると「リトル・ティーチャーに向くのは世話を焼くタイプというよりは、優しく気の利くタイプの子」。そういう子は相手に自分の意見を押しつけることなく、そっと手助けできる。それがＡＤＨＤの子どもたちには効果的なのです。

ところでリトル・ティーチャー方式には、ＡＤＨＤを持つ子自身が自分の得意なところを生かして、友達の学習をガイドする場合もあります。例えば、折り紙が得意であれば、折り紙をする活動を設定し、その活動場面ではＡＤＨＤを持つ子がほかの児童をガイドする。いつも注意や援助を受けている子には、自信を回復する絶好の機会となるでしょう。

3　先生やクラスメート、他の保護者たちへのカミングアウト法

ここまで読んで、「情緒障害学級なんて、先の話。まず学校そのものの対応をどうしたらいいか悩んでいるのに…」とおっしゃる方がいらっしゃると思う。

そもそも、我が子が幼稚園や小学校に入るとき、いまどきの親なら誰だって喜びや感慨の裏に、膨大な不安を抱えているにちがいない。まして、「小さい頃から育てにくい子で、親がイメージするように成長していない」などというような戸惑いがあったり、あるいはADHDだと診断されているとか、自閉傾向があるなどと指摘されているならば、なおさら不安は募るだろう。

「どうすれば、先生たちにADHDという障害を理解してもらえるのか」

「理解を得られたとしても、うちの子に合った教育を受けさせることはできるのか」

「そもそも、ADHDなど、子どもが抱える障害について学校側に話すべきなのか、黙っていたほうがうまくいくことも多いのではないか」等々。

そういった、親が持つ共通の悩みについて、すでに多くの情報が書籍・インターネ

ット上などで出回っている。たいていの情報は

1　子どもの状態は教師の理解次第で変わってくる。まずはＡＤＨＤについて、教師に理解を求めよう

2　そのためには、ＡＤＨＤについてわかりやすくまとめたり、子どもの成長記録・行動記録を作り、担任や校長らに渡すとよい

3　家庭での取り組み方法など、ＡＤＨＤについて具体的にどのようにしているかをわかりやすくまとめるなど資料をつくり、説明しよう

4　医療機関からの説明などについても説明しよう

5　参考になるような本やパンフレットなどを渡し、読んでもらおう

などに集約されるかと思う。

こういった手法に加えて、、それぞれの親たちがどのように工夫し、対処してきたかについては、第1章で紹介した通りだ。

ただ、残念ながら、いつもうまくいくとは限らない。そこで、ちょっと視点を変えて考えてみる。

《こういった方法論を〝カミングアウトされる側〟から考えたらどうなのだろうか》

もちろん教師にもいろんな人がいるから、百人いれば百通りの考え方があり、方法論がある。でも〝教師ならではの原理原則があるかもしれない〟と考えると、少し違ったアプローチ方法もあるのではないか、と思えてくる。

そこで、前出の森先生に再度ご登場願うことにした。森先生の話を中心に、以下、現場の小学校教師が考える『教師の心をちょっとでもつかむ、カミングアウト法』について紹介したい。

1　小学校に入学する前に、すでに診断がなされている場合

森先生は「行動面に著しく不安がある場合は、就学時健診前に校長に連絡を取り、会っておくほうがいい」と勧めている。

「子どもの多動や落ち着きのなさが激しいと、就学時健診のときにかなり目立つはずだ。事情を知らないまま、いきなりそういった子どもの状態を見てしまうと、学校によっては〝構える〟ところもあるだろう。そういうことを避けるために、多動が激しい場合などは特に、健診前に校長と直接会って、話をしておくといい」

だが、これにはコツがある。

あまりに具体的に説明するのは逆効果になるというのだ。

ようするに、相手の性格によっては、情報に翻弄《ほんろう》され、過剰に反応してしまう可能性があるというのである。第1章で登場する恭子さんのケースなどは、まさにこれに当たると言えそうだ。

「事前に校長に会うときは、子どもにどのような苦手な面があるか、集団の中に入るとどういうことが予想されるかなどを、簡単に話す程度でいいのではないか。詳細にADHDについて説明したりすると、人によっては、子どもをよく見ないでその情報にとらわれてしまうこともある。言うべき内容と言わなくてもいい内容をよく検討して、話をするようにしたい。また、ファーストコンタクトのときは、医療データや子どもについての細かい資料などを提出する必要もないと思う。それよりも直接会い、自分の言葉で子どもの苦手な面と良い面、必ず両方を簡単に伝えるようにしてほしい」

こういった森先生の意見について、都内のある公立小学校の校長も、

「簡単に事情を聞いてから子どもに対面すると、学校側としてもその子の状態をつかみやすい。ところが、事前の情報が多すぎてしまうと、その情報から先にイメージが膨らんでしまうこともある。そうすると、無意識のうちに子どもをイメージに合わせ

ようとするかもしれない…」

と、語っている。

次に、担任が決まるわけだが、その段階で、可能であれば連絡をくれるよう、校長にお願いしておくといいだろう。

そして初めて担任に会うときも、いきなり膨大な資料を渡さないようにしたい。理由は校長に会うときと同じで、情報過多にならないようにするためだ。

「最初は、会話によるコミュニケーションで十分。要領は校長に会うときと同じで、口頭で〝自分の子どもはここが苦手だけど、こういういい面もあるのでよろしくお願いします〟と説明する。教師によっては、いろいろと情報提供されることに抵抗を示す人もいる。そういった教師側の個性は初対面ではわからないと思うので、まずは相手とのコミュニケーションを深めるようにするといい。また入学式前に、担任に会うのがベストだが、『必ず事前に会うべき』ということでもない。入学式前は教師もかなり忙しい。TPOをよく考えて、時期を見てから会うほうがいい場合もある」（森先生）

関東近県の公立小学校に勤める、あるベテラン教師も同意見だ。

「親は一生懸命だから、いろいろと情報を提供してくる。でも、その子どもに会う前からあれこれ言われると、申し訳ないが、正直言って〝うるさそうな親だなあ〟とか〝ちょっと押しつけがましいような気がするなあ〟と思う教師もいるだろう。また、親がそこまで言うほど〝大変な子なのか〟と、かえって身構えることもあるかもしれない。そういった受け取り方は、本当に教師によって千差万別なので、こうすればいいという王道があるわけではない。また、親の方も、アピールの上手な人と下手な人がいるだろう。そういう諸条件を考慮に入れるならば、親は教師のことを、教師は親と子どものことを多少なりとも知ってから詳細を話し合う、という方法でも悪くはないと思う」

別の公立小学校の教師が語る。

「がっちりとファイルにして情報を持ってくる親が多いが、教師によってはそれを圧力と思う人もいるだろう。それに、教師は本当に雑務が多く、親が思っている以上に時間的・精神的余裕がない。そういった資料をいただいたとしても、なかなかじっくり読むことができない人もいるのではないか」

まとめると、**最初は簡単に状態を口頭で伝え、ある程度相互理解が深まった段階で、**

少しずつ、あるいは求めに応じて情報を提供するということになる。

それから、**情報提供するときのコツは、読みやすいように箇条書きにする**ことだ。

「ＡＤＨＤについて詳しく説明することも大切だが、それよりも、学校にいる間に予想される問題行動について、この行動が生じたときはこうする、などというような対応策を解説する。それもできればＡ４判の紙一、二枚程度に簡単にまとめるようにするといい。また、箇条書きにするとかイラストをつけるなど、とにかくパッと見て、読みやすい形にしてから渡すとますますいいだろう。詳しい医療データや検査結果などを渡しても、教師は専門家ではないからその情報の意味を読み取れないことが多い。薬についての具体的な説明も、無理にする必要はないのではないか。もっとも、通級や養護の先生など、専門の教師がいるときは、この限りではない」（森先生）。

2　入学後にＡＤＨＤと診断された場合

まず担任に話をし、その後で校長や教頭などに伝えるようにする。森先生は、いきなり担任を飛び越えて校長に訴えることはお勧めしないと言う。

「入学後、教師とコミュニケーションが取れている場合は、そう問題なく話ができると思う。コミュニケーションが取れていない場合、ADHDについて詳しい説明をするよりは、本人の具体的な問題行動について、医師から説明されたことを伝える。わざとやっていたり、怠けた結果ではないし、しつけや教育の問題でもないこと。脳の抑制力の障害だけど、珍しい障害ではないこと、本人や親、周囲の努力で十分適応できるようになることなどを、誤解を与えないようにできるだけ簡潔に説明する」

いずれにしても、**うまく話を進めるためには要望したり、お願いしたりしないこと**がポイントだという。

「一番うまい方法は〝**相談する形に持っていくこと**〟。教師にはその人が培ってきたやり方がある。親としてはお願いしているつもりでも、それが教師によっては問答無用の押しつけに思えることもある。そういった無用なディスコミュニケーションを避ける意味でも、〝相談する〟という形は無難だし、お互いが歩み寄りやすい」（森先生）

この点については、他の公立小学校の教師たちも同様の指摘をしている。あるベテラン教師は語る。

「相談がうまくいくためには、やはり日頃のコミュニケーションが大切になる。確かに教師は忙しいし、大勢の子どもを見ているので、いちいち連絡されても困る、という人もいるかもしれない。もちろんそれぞれの教師にもよるが、こまめに電話連絡したり、ちょっとした挨拶を交わしたり、些細なことに対してもねぎらいの言葉をかけ合う――そういうささやかな行為の積み重ねで、関係がうまくいくようになるのは珍しい話ではない」

また別の教師は「お願いばかりされると息苦しくなるが、逆に、大したことをしていなくても、感謝されるとやる気が起きるのは人間誰しも同じ」と胸の内を明かす。

ところで、いろいろな方法でアプローチしたとしても、理解が得られないケースもあるだろう。

不適切な対応や一貫性のない接し方が続くと、子どもが二次障害になってしまうことも考えられる。そういう現実を踏まえて、ある特殊教育のベテラン教師はこう語る。

「何をどうやっても担任とうまくいかない――そういうこともあると思う。その場合、子どもに対して明らかに悪影響があると判断したのなら、校長や教育委員会に訴える方法がある。(ADHDなどの)親の会のほうから、学校側に『障害について理解してくれるようお願いする』という方法が効果的な場合もある。また、地元の議員にお願いするという奥の手もある。いずれにしても、教師個人を糾弾するのではなく、子どものことで〝困っている〟と相談するのがコツだと思う。こういうねばり強い姿勢は、結局、どの場面でも必要になってくるだろう」

読者の中には、そこまでやらなきゃいけないのか、と愕然とされる方もいるだろう。だから、これらはあくまでも、「こういった見方・やり方もある」という話だ。

そもそも校長に訴え、議員に訴えたからといって、すぐに結論が出るとは限らない。とすると、そこに至るまでのストレスを考えたら〝その学年は一年だけだ〟と割り切り、家庭教師や塾、民間の療育などに頼ったほうがいいことだってあるかもしれない。

結局、相手との関係性の中で方法を探っていかなければいけない以上、正解は一つではない。だからこそ、従来のやり方で煮つまったときなど、次のステップを考える時のヒントになればいいなあと思って紹介することにした。

3　ＡＤＨＤなどの診断がされていない場合

診断がされていなくても、子どもが落ち着かないとか多動だとか、集団生活がうまくできないなど、なんらかの苦手な要素があって、親としてそれが心配ならば、前述したのと同じ方法を取ることをお勧めする。

「診断の有無に限らず、何か特に苦手なことがあるなど、親から見て不安な面があるなら、事前に知らせてくれると、教師としても対応を考えやすい。学校側は、どの子もできるかぎり支援していきたいと思っていることを忘れないでほしい」（森先生）

話を聞いたどの教師も、「医師の診断があるから、特別な配慮をするわけではない。その子に必要だと思うから配慮したいのだ」と強調していたことを付け加えておく。

4　クラスメートや同級生の保護者たちにカミングアウトするときのコツ

「他の児童の保護者の理解を得ることは、学校側の理解を得る以上に難しい場合が多いだろう」

森先生は、そう指摘したうえで、次のような提案をしている。

「今までの経験を考えると、他の児童の保護者に対して、ＡＤＨＤについて詳細に説明する必要はないと思っている。だが早い段階で、〝こういうことが苦手だが、こういう良さはある〟という情報を、保護者会などで説明しておく必要はあるだろう。それも担任から説明するのではなく、親の口から直接話したほうがいいようだ。他の子どもに怪我をさせたあとだったり、授業中に問題になるような行動をするようになってからだと、他の児童の保護者たちが興奮状態になる可能性もあり、ますます話を聞いてもらうのが困難な状況に陥ってしまう」

そうなる前に、予防をしておくことが必要というわけだ。

第1章で紹介した親たちがやっていたように、積極的に学校行事に参加したり、PTAの役員を引き受ける。そうやって他の保護者たちとコミュニケーションを取りながら、一人ずつ理解者を増やしていく。必ずしも万全な方法ではないが、現状ではこれが一番いいと、森先生は考えている。

「トラブルで怪我をさせたときも、〝うちの子だけが悪いんじゃない〟と言わないようにしたい。必ずこじれてしまうからだ。まずはあやまる。どうしても納得がいかないときは、ほとぼりが冷めた頃に、相手の様子をうかがいながら、どうしてトラブルになったのか、やんわりと伝えるよう試みてはどうか……。また、学校に依頼して、人権学習を開いてもらうといいだろう。人権学習というのは、社会には様々な苦手さ・不自由さを持った人がいるんだということを、子どもや親に理解してもらうための授業のことだ。その授業に、特殊教育の専門家や、通級教室の先生、かかりつけの医者などを招待し、話をしてもらう。学校の中だけでなんとかするのではなくて、そういった外部の人たちの力も借りて、保護者間の理解を得るようにするというのも、一つの方法かもしれない」

また、「クラスメートには、担任から話をするほうが効果的」と考える教師が多いようだ。その場合も具体的に障害名を言う必要はなく「E君は、じっと椅子に座っていることが苦手です。でも、それを克服するために、特別な教室に通ったり、薬を飲んだりして頑張っています」など、苦手な事柄をあげ、それをカバーするためにどういうことをしているのか、簡単に説明してもらう。

「低学年の場合は、誰もが持っている苦手さ、不自由さなどを学習し、特別視しないように具体的な接し方に視点を置いて教える。高学年の場合は、我慢することや待つことが苦手だということを、脳の仕組みを通して学習し、具体的にどんな手助けや協力が必要なのかを考えさせていく。その子が通級に通っているのなら、通級指導教室で苦手なところを克服している様子を、ビデオなどで見せるといいだろう。そうすることで、子ども同士の理解は深まるはずだ」（森先生）

Column 3

教師たちも、保護者との関係で悩んでいる！

福岡県情緒障害研究会では、通級教室での指導を充実させるために、在籍学級の担任を対象にアンケート調査を行っていますが、結果を見ると、悩める教師像が浮かんできます。

まず、「通級教室対象の児童を指導するにあたって悩むことがあるか」という問いに対しては、実に74％もの担任が悩むことがあると答えています。

「学習面が遅れがち。個別指導したいが、現状では条件が整わず困難。またどの程度学習能力や態度を身につけさせたらいいのかわからない」「本人の力に合った教材を準備しても他の子と違うのを嫌がり受け付けない」「攻撃的になり怪我をさせてしまう」「自分のやりたいことをどこまで我慢させたらよいのかわからない」などを、具体的に挙げています。そういった内容からも教師自身が指導方法について戸惑っている様子がうかがえます。

また、「保護者とうまく連携がとれているか」という質問については、89％がうまく取れていると答えていました。そう答えた教師の中には「保護者→担任→個別指導の先生と一冊のノートに気づいたことや学習したことを書き込み、三人で情報を共有して取り組んでいる」「保護者会で、子どもの状態や困ったことを話してもらい、他の保護者も教師自身も勉強する」「直接電話で連絡を取っている」と語っています。

一方、うまくいかないケースは「連絡帳で情報交換はしているが、保護者の気持ちを考えると事実をそのまま伝えられない」「保護者が保護者会に来ない」「連絡帳に記入する時間がない」などといった問題があるようです。

ADHDについて周囲に理解を得ようとするのは、どうしても難しいことかもしれません。なんとなく臆してしまうこともあるでしょう。まして、サポーターになってくれなどとうていお願いできない、という人もいると思います。

そんなとき、2大原則8箇条と森先生が紹介してくれた方法を思い出してみてください。

そして、説得したい相手の性格や特徴を紙に書き出し、よおく考慮し、どう攻めればうまくいきそうか、自分流にアレンジしてみてはどうでしょう。どこかに、相手の心を動かすことができるようなヒントがあるかもしれません。

あるお母さんは、こんなことを言っていました。

「ダメでもともと、まずはやってみなくっちゃ！　失敗したら、またそこから始めればいいじゃない。大丈夫、神さまは自ら助ける者を助けてくれるっていうでしょ？」

第3章

ADHD（注意欠陥・多動性障害）について、もっと詳しく知りたい！

1　ＡＤＨＤについて聞きたいこと何でもＱ＆Ａ

回答者　久留米大学医学部小児科学教室・医学博士　山下裕史朗

Ｑ１　ＡＤＨＤって何ですか？

「じっとしていられない」「指示に従えない」「おしゃべりが多くて人の話を聞かない」「上の空でボーッとしている」「忘れ物が多い」「友達としょっちゅうけんかをしてしまう」……。

こういう状態を示す子どもの中に、脳の前頭部のドーパミンやノルエピネフリンなどの脳内神経伝達物質が不足していると考えられる子どもがいます。そのため、さまざまな刺激や情報、これまでの記憶や経験を上手に連動させて行動することができず、「自分の感情や行動をコントロールすること」ができない。その結果、不注意、落ち着かない（多動）、衝動的というような症状が出てしまうのです。

ＡＤＨＤとは、このように脳の前頭部の機能不全がベースにあると考えられており、日本語では注意欠陥・多動性障害と呼ばれています。児童精神科医にもよりますが、たいていの場合はアメリカの精神医学会が作成した「精神疾患の診断基準第4版（DSM―Ⅳ・巻末資料P220参照）」やWHOの「国際疾病分類第10改訂版（ICD―10・巻末資料P222参照）」に基づいて、ADHDかどうかが診断されています。

受診される方の話を聞いていますと、早い人では乳児のころに、たいてい二、三歳になるころには子どもの多動に気がつき、「どこか、ちょっと変かもしれない」と疑問を持ち始める人が多いようです。遅くとも、小学校入学後には「どうもおかしい」「学校でうまくいかないことが多過ぎる」と、それまでの疑問が確信に変わり、医師の診断を仰ぐようです。

ADHDを持っていると、小学校時代には本人も周囲の大人たちもどのように対応していったらいいのかよくわからず、悩みます。十歳を過ぎて、思春期から成人期に入る頃には、多動のような症状は目立たなくなります。しかし、成長過程で、保護者・教育関係者・医療関係者など周囲から適切な理解や支援が得られないと、社会的不適応という不幸な結果を招くこともあるのです。

なお、交通事故に遭ったり、脳腫瘍のために前頭葉に障害を受けると、ADHDのような症状が見られることがあります。幼児期に虐待を受けて心的外傷後ストレス障害（ＰＴＳＤ＝Post Traumatic Stress Disorders）が起きても、ＡＤＨＤと同様の症状が見られます。いずれも、ＡＤＨＤとは区別して考えるべきでしょう。

Q2 ＡＤＨＤにはどういう種類があるのですか？

ＡＤＨＤには、不注意の症状が強く見られる「不注意優勢型（ぼんやりしていたり、忘れっぽいタイプ）」、不注意よりも多動性・衝動性のほうが強く見られる「多動性・衝動性優勢型（落ち着きがなくじっとしていられなかったり、ほかの子どもの邪魔をしてしまうタイプ）」、両方の症状が見られる「混合型」の三つのタイプがあります。

いずれも共通するのは、前述した「自分の感情や行動をコントロールすることができない」という点です。不注意型ということは、自分が今その瞬間にやらなければいけないこと、集中しなければいけないことについて、意識をコントロールできないということです。多動性・衝動性が強いというのは、何かをやりたくなったときにそのことについて我慢できないということ、我慢できないから急に人が驚くような行動をしてしまうということで、これも結局は自分の気持ちをコントロールできないから起こってしまうわけです。

同じＡＤＨＤでも、症状が全く違うのは、このようなタイプの違いに加え、周囲の理解の有無、本人への厳しい叱責の有無などがあげられるでしょう。

Ｑ３　ＡＤＨＤを持つ子どもはどれくらいいるのですか？

アメリカの調査では、小学生から高校生までの子どものうち、三〜六パーセントはＡＤＨＤを持っているということがわかりました。日本では、二〇〇一年の九月からようやく小・中学校における全国調査が行われることになったので、今現在では正確な数字はわかりません。

ただ、私のところには年間五百名ほどの小児神経外来の新患がみえるのですが、そのうち行動上の問題、たとえば「多動である」「友達とのトラブルが多い」「集団行動が取れない」などを主訴として来院される方は約一割で、とても多いのです。実際にＡＤＨＤと診断するお子さんはそのうちの一部ですが、受診者は増加の一途をたどっています。親御さんや学校・医療関係者のＡＤＨＤの認識が少しずつ上がってきたことが、受診の増加に関係しているように思えます。

また、ＡＤＨＤという言葉は、最近ずいぶん浸透してきましたが、何も「急激に増えた疾患」ではありません。診断名としてアメリカ精神医学会が正式に認定したのは一九八〇年のことですが、似たような子どもの報告は一九〇〇年頃からあり、有名なところではエジソンもアインシュタインもそうだったといわれています。

Q4　ADHDは治るのですか？

前述したように、ＡＤＨＤは脳の中の神経伝達物質に問題があることで起こる症状ですから、「治る」「治らない」というような類《たぐい》の疾患ではありません。

ただ、薬を飲んだり、行動療法を続けたりして、コントロールの方法を学べば、十分効果があること、日常生活を送っていくうえで問題が少なくなるということはわかっています。

また年齢とともに心身の発達が進み、自制心などが出てきて症状が和らぐこともよくあります。

ＡＤＨＤは精神の病気でもないし、家庭のしつけの問題で起こってくる障害でもないのです。診断を受ける前からＡＤＨＤだと決めつけたり、診断を受けたあとで必要以上に悩み落ち込むようなことは避けたいものです。

Q5　医師の診断は必ず受けるべきなのでしょうか？

「ＡＤＨＤは、必ず医師にかからなければよくならない障害」というようなものではありません。そもそも、日本ではまだまだ児童精神科医の数が足りませんし、小児科医、精神科医、内科医などの中にも、ＡＤＨＤについて知識を持っている人はまだ少ないようです。卒業前・卒業後にＡＤＨＤの教育・トレーニングを受けていない医師がほとんど、というのが残念ながら現実なのです。

これを裏付ける調査が、日本小児科学会と旧厚生省研究班（心身症、神経症等の実態把握および対策に関する研究）によって行われています。同研究班は「学校医の意識は依然低い」ことを指摘、「学校で小児科医に診てもらっても、ＡＤＨＤなどに対するトレーニングができていないので、単なる親子関係の調整やカウンセリングになりかねない」と警告しています。医師に相談に行ったときに「元気がいいだけ」「大丈夫」と見過ごされＡＤＨＤの診断がなされないケースも、実際問題としてあるにはあるのです。

それでも、行動に気になる面があって、園や学校でトラブルが起こっている場合は、一度医師（児童精神科医、小児神経科医や小児科医など）の診察を受けてみることが必要だと考えています。また、ＡＤＨＤを持つ子供は併存症（学習障害や不安、うつ、反抗挑戦性障害など）を併せ持つことが多いことも、認識する必要があります。

第1章の事例からもわかると思いますが、ＡＤＨＤが問題になるのは「集団の中で適応できず、学校の先生に誤解されたり友達とうまくやれなかったりして、セルフエスティームが下がってしまうこと」。小さいころは親が周囲に「しつけが悪い子だ」などと責められ、学童期になると今度は本人が「嫌な子だ」「悪い子だ」と周囲から責められ、「コントロールできない自分はダメな人間だ」と思うようになってしまいます。

多動はＡＤＨＤに特徴的な症状なわけではなく、自閉症や知的障害など何らかの発達障害がある場合にも見られます。そういった他の疾患がないかどうかの確認のためにも、医師の診断を一度は受けることをお勧めします。正しい診断がなぜ大切かという理由は、診断によって取るべき対応や教育の方法が異なるためです。三歳児健診のときに、言葉の遅れや集団遊びの様子など、日ごろ気になっている事柄について相談してみるのも一つの手です。

本書の巻末にもいくつか診療機関を紹介していますが、できるだけ近くの診療・相談機関を探してみてください。また、必ずしも、医師がベストの相談相手といえない場合もあります。地元の教育センター、児童相談所の心理相談員、スクールカウンセラー、子ども相談などを視野に入れておくのもいいかもしれません。説明に納得がいかなければ、あきらめないで他の機関に相談してみてください。

Q6　ADHDとわかったとき、医療としてはどんな治療方法がありますか?

アメリカでは、ADHDを持つ子どもの多くが薬物治療を行っています。特に主流なのは中枢神経刺激薬のリタリンで、これを服用すると、ADHDを持つ子どもの約七～八割で、不注意や多動・衝動性が改善することがわかっています。

副作用には不眠や食欲不振、腹痛、頭痛などがあげられますが、注意して用いるとこういった副作用はほとんどないと言えます。従って、日本でも薬物治療をするときはリタリンをよく使用しています。リタリンの使用は六歳以上とされていますので、通常は小学校に上がってから服用するケースが多いようです(ただし、この薬はADHDに対しては保険適応外となっています)。

もっとも、この薬は、子どもの体質によって効果も違うので、一概にどれくらいの投与がいいとは言えません。普通は、微量から始めて、少しずつ量を増やし、その子に合った量を判断していきます。たいていの場合、服用後一時間以内で効果が認められ、三時間から五時間程度効いているようです。アメリカには長時間作用する薬剤があるので、朝飲めば終日効果がみられるのですが、日本の場合、そういう薬剤の販売が許可されていません。したがって、通常朝登校前に薬を飲むと、昼ごろにはもう一度服用する必要があります。その他、トフラニールという抗うつ薬なども使われることがあります。

リタリンは根本的な治療薬ではありません。あくまでも、効き目がある間は症状が治まっている、という薬です。つまり、ADHDに対する万能薬でもなければ、唯一の治療法でもないのです。ADHDにおいて一番大切なことは、やはり、周囲の人がADHDがどういう疾患なのか理解し、行動療法を続ける支援をしていくことです。

そういった日々の訓練を続けなければ、いくら薬を飲んでも本人のコントロール力は高まっていきません。薬物療法は、行動療法を続けるための一手段と考えるといいでしょう。

なお、砂糖の摂取量を抑えるなどの食事療法は、効果があったという事例報告もありますが、科学的な根拠はなく、統計学的には有効とは言えないことを付け加えておきます。

Q7　ADHDの二次障害ってなんですか?

医師としては、ＡＤＨＤも「早期発見・早期治療」に越したことはないと思っています。乳幼児健診で、行動の問題や言葉の遅れに注意してフォローすると、多少なりとも早くＡＤＨＤを発見できるはずです。就学前に気軽に相談できる窓口があると、なおいいと考えています。

早期発見・早期治療が大切だと考える理由は、ＡＤＨＤの症状によって二次的に発生する問題を避けるためです。つまり、不注意だとか落ち着きがない、衝動的といったＡＤＨＤの症状が原因で、「嫌な子」「やる気のない子」とレッテルをはられたりする。それがまた、本人のセルフエスティームを下げてしまう。セルフエスティームが下がったことで、ますます「何をやってもダメだ」と思うようになり、人間関係がいっそう苦手になり、社会的不適応が進んでしまったりする…。その結果、たとえばいじめにあったり、不登校になったり、自傷したり、自分を認めてくれない大人や周囲の環境に反抗的になったりするというような二次障害が出てくるケースは少なくないのです。

二次障害を避けるためにも、周囲の人はできるだけＡＤＨＤに理解を示し、サポーターになるよう心がけてください。ＡＤＨＤの子どもを支えるのは、家族だけでも、学校だけでも、主治医だけでもないのです。それぞれが自分の役割を認識し、何ができるか考える。そのうえで三者が共通理解のもと、オープンな話し合いを続け、子どもの支援者になるよう取り組む。ＡＤＨＤに限らず、何らかの苦手な面を持つ子どもを支援していくうえで大切なのは、薬物療法でも行動療法でもなく、こういったサポートシステムだと考えています。我が国での軽度発達障害児へのサポートシステムはまだまだ不十分なのです。

Q8　ＡＤＨＤを放っておくとどのようになるのでしょうか？

最近、ＡＤＨＤは、反抗挑戦性障害（大人に対して、攻撃的な態度を取ったり、怒ったり、故意に他人を苛だたせたりするような状態）になり、いずれ行為障害（人や動物に対して身体的危害を加えたり、うそをついたり窃盗をするなど反社会的行動を公然と行うような状態）に必然的に移行するというような誤ったことを述べている記載を見ます。ＡＤＨＤだけでそういうような障害に移行するという科学的根拠はなく、環境要因などその他の要素を無視しては考えられないと思っています。実際、ＡＤＨＤではなくても、そういった障害を起こす子どもたちはたくさんいるのです。

ＡＤＨＤという概念が知られるようになって、「ＡＤＨＤ＝すぐキレる子＝危険な子」と、ひどく間違ったイメージで捉えている人がいることをよく耳にします。しかし、これはどこから考えても、誤解以外の何ものでもありません。「ＡＤＨＤだから危ない、犯罪者予備軍」のように言うのは、大きな間違いであることを、ここに強調したいと思います。また、ＡＤＨＤと診断されたとしても、いたずらにいろいろと心配しすぎることは避けてほしいと思います。ＡＤＨＤを持つ子どもの可能性や才能には素晴らしいものがあります。その能力を生かせるかどうかは、周囲のサポートにかかっているのです。

Q9　医師を上手に探すにはどうしたらいいですか？

ＡＤＨＤについて理解のある医者や教師を見つけるのは大変なことかもしれません。そこで、私がよく話すのは、「優秀な専門家」を探すよりも「一緒に考えてくれそうな人」を探すことが大事だということです。ＡＤＨＤに関して専門的な医学教育を受けていなくても、ＡＤＨＤに関心を持っている人、あるいは関心を持ってくれそうな人のほうがチームは組みやすいはずです。その際、児童精神科医なのか、小児科医なのか、町の開業医なのかは問題にはなりません。一緒に子どもの問題に立ち向かってくれる、相性の合う医療関係者を探し出してほしいと思います。

Q10　子どもに問題があると思われる場合、教師は保護者に対してどのように話をしたらいいですか？

子どもになんらかの苦手な面があるように見えるのに、親御さんが認めたがらず、本人の努力が足りないなどと捉えている場合、先生にできることは何かあるのか、という質問をよく受けます。親御さんに話を持っていく場合、「（教師である）自分が困っている」と話すのではなく、「お宅のお子さんが授業に集中できず、とても困っているように見えます（具体的事例をあげる）」→「それに対して、声をかけるなどしてみたのですが、どうもうまくいきません」→「専門家へ相談してみてはどうでしょうか」と客観的に提案してみてください。あくまでも、親は、子どもを育てていくときの教育チームの一員であることを忘れないようにしてほしいと思います。また、先生から「ＡＤＨＤだと思う」などと、軽々しく決めつけるような発言は絶対にしないでください。

気長に根気強く取り組むこと——。それがＡＤＨＤを持つ子を育て、教育していく周囲の人間に一番必要な要素と言えるもしれません。

2　ＡＤＨＤを持つ子どもたちの心と体のケアと、大人にできること

回答者　えじそんくらぶ代表　高山　恵子

Ｑ１　ＡＤＨＤってどういう障害なのですか？そもそも障害ってどういうことを言うのでしょうか？

日本語では「障害」という言葉の持つニュアンスは非常に幅広く、重く、差別的な感じさえ受けます。

一方、英語では「障害」に当たる言葉はたくさんありますが、その中には「disability（ディスアビリティ・何かができないこと）」、「disorder（ディスオーダー・何かが秩序正しく機能しないこと）」、「handicap（ハンディキャップ・生活に支障をきたすこと）」などがあり、それぞれ使い分けられています。

少しわかりやすくするために、「生まれつき下肢が不自由な人」を例に考えてみましょう。その人が歩けないのは disability（＝歩くことができない）という「障害」で

す。さらに、自立が難しく、日常の生活にも困難をきたしているなら handicap（＝生活に不都合がある）という「障害」も抱えていることになります。

でも、車椅子があって、日頃手助けしてくれる人がいて、不自由なく日常生活を送ることができるとすればどうでしょうか？　その場合、この人は歩けないという器質的な disability はあっても、生活をしていくのが困難というという handicap はないことになります。

山下先生もおっしゃっていますが、ＡＤＨＤは「集中力・注意力・衝動性・多動性などを自分でコントロールできない、脳神経的・器質的な障害」です。しかし、前出のアメリカの精神医学会が出している診断基準に基づくと、handicap がなければ、たとえ集中力・衝動性・多動性などで問題があってもＡＤＨＤとは診断されないのです。また、handicap がなければ、十分、社会の中で生き、世の中に貢献していくこともできます。

ＡＤＨＤを持つ子どもに理解を示し、サポートしていくということは、handicap を持たないようにサポートしていくことなのです。本人には、ＡＤＨＤにコントロールされるのではなく、ＡＤＨＤをコントロールしていく努力が必要になってきます。

Q2 ADHDを持っている子は、どうして「宿題が苦手」なのですか？

アメリカのＡＤＨＤ研究の第一人者であるバークレー博士は、ＡＤＨＤは「四つの実行機能」、すなわち、（１）非言語的ワーキングメモリー、（２）自己管理された発語の内的投射、（３）気分、モーチベーション、覚醒《かくせい》度合いの自制、（４）再構築（観察された行動を断片化し、目標に到達するためにそれらをまとめて新しい行動を構築する能力）という脳の働きの障害である、との仮説を提唱しています。つまり、脳にいろいろな情報が入ってきたとき、その情報をうまく集約して効果的な行動を取る働きに障害があるということです。

もう少し、わかりやすい説明を紹介しましょう。

この「実行機能」を、レザックという研究者の説に基づき、（１）意思（２）計画立案（３）目的遂行（４）効果的行動、と考えると理解しやすくなるかもしれません。「意思」とは、目標を設定し、それに対する動機付けを行い、自分自身や環境の条件を認識しながら、自分のするべきことを明確にすることです。ＡＤＨＤを持っていると、この「意思」がなかなか働きません。そのため、外からの動機付け、つまり行動療法でいうところの「ごほうび」が必要になってくるのです。

「計画立案」とは、目標達成のために必要な情報を収集し、時間やシステムをきちんと管理し計画を立て、細部に注意を払って評価選択することです。ＡＤＨＤを持っていると、時間の観念がなく、よく遅刻したりするのですが、それはこの「計画立案」が苦手だからです。

「目的遂行」とは、立てた計画を秩序立てて実行すること、衝動的な行動を取らないようにコントロールすることです。これは、まさにＡＤＨＤを持っている人が苦手とするところ。何かに興味を引かれると、今までやっていたことを忘れて、実行できなくなってしまうというわけです。

「効果的行動」とは、「今やるべきことと違うことをしている」と自分で自分の行動を監視し、行動を修正し、無駄な行動を取らないことを言います。ＡＤＨＤを持っていると、この効果的行動を取ることも難しい。何かに関心を奪われると、他の行動に移行できなくなる過集中が起こることがよくあるのです。

このようにＡＤＨＤの中身がわかると、ＡＤＨＤを持っている子が「なぜ宿題ができないか」理解しやすくなると思います。

まず「宿題をやろう」という強い意志を持つことができず、結局、自分に興味のあることにしか集中できません（意思の欠如）。「どこをやるかわからない」「宿題をやるために必要な物がない」などの準備不足もよくあることです（計画立案の欠如）。また、他のことが気になって宿題を始められなかったり、継続できないこともあるでしょう（目的遂行の欠如）。さらに、自分で自分の行動を監視し、コントロールできないので、「他のことをしてはいけない」と思えず、五分お休みと言ってテレビを見てしまうとやめられず、やるべきことに戻れない（効果的行動の欠如）のです。

この四つの要素がわかれば、それを補うようにサポートすれば効果的だということになってきます。そのサポートというのが、やる気が出るように支援するための行動療法だったり、チェックリストを用意することだったり、目的に向かってペースメーカーになったり、自己監視を強めるトレーニングを行ったりすること、というわけです。要は、ＡＤＨＤ的行動が handicap にならないようになればいいのです。

Q3　ＡＤＨＤとうまく付き合うってどういうことですか？

たとえば「空想癖」がある時――。それを授業中にやると「ボーッとしている」など問題が生じてくるでしょう。でも、上手に生かして、大人になってからそれなりの時と場所で使うことができれば、それはもはや「空想癖」ではなく、「豊かな発想」や「芸術」になります。

「マニュアル通りに行動できない」という面も、見方を変えれば、前例のないことに対して自由な発想ができる、アイディアがあるといえるはずです。「長時間同じことができず、すぐ飽きてしまう」という面も、「(飽きるからこそ)無駄はないか、どうすれば短時間に仕事ができるか」などと考えることで、オリジナリティある行動をとったり、何かの発想に結びついたりするのです。じっと一つのことだけをしているだけではアントレプレナー(起業家)にはなれませんが、ADHDの「衝動性」は山積みの仕事をこなしていく行動力となり、前進する力になることもあるのです。

このように、ADHDとうまくつき合うようにするのが、最終目標です。そうできれば、ADHDの特徴の多くは「障害」ではなく、「個性」なり「才能」になってきます。

もっとも、このように使いこなせるようになるためには、本人と周囲の人に「ADHDは欠点ではあるけれど、長所でもある」という視点が必要で、そういう視点を獲得するにはセルフエスティームがしっかりと育まれていなければなりません。

才能が、ある日突然開花することなどないのです。その人が抱えるdisorder・disabilityによりhandicapが多くなればなるほど、自分に何らかの才能があるというような発想は出てこないでしょう。でも、セルフエスティームが下がらないよう周囲からのサポートがあれば、自分のdisorderをコントロールし使いこなしていくのも可能になってくるわけです。

Q4 診断名は早くついたほうがいいのですか？

私は大切なのは診断名ではない、と思っています。

実際、ＡＤＨＤ・ＬＤ、アスペルガー症候群など、発達障害圏の障害を診断することは難しく、山下先生もご指摘なさっているように診断できる専門家も絶対的に少ないのが現実です。

また、診断基準に入るか入らないかといった、ボーダーの人もたくさんいます。handicap（日常生活での支障）があるにもかかわらず、診断を受けに行くと「基準に当てはまらないからＡＤＨＤではない。だからここでは何もできません」と言われて途方に暮れる親御さんも多いのです。

何という障害なのか、「診断名」を気にするよりも、その子が今現実にどういう「不自由な面」や「苦手な面」を抱えているのか見極め、どうすれば克服できるかを考える……。その子にとって何が一番いいのかを考え、見出していくことこそが大切なサポートではないでしょうか。

「病院に予約したけれど、六か月待ちと言われ、その間、どういう対応をしたらいいのかわからない」という相談もよく受けます。

そういうときは「まず気になるいくつかの障害についての本をいろいろと読んで、その子の苦手さに合うように試行錯誤し、オリジナルの方法論を探していくのはどうか」と提案しています。

しかし、自己診断は危険です。多動でもＡＤＨＤではなく、他の疾患ということもあるので注意が必要です。また、ＡＤＨＤと診断されても、ＡＤＨＤイコールこういう対応、というような、唯一の道はないと思っています。百人いれば百通りのサポート方法があって、それはその子の性格や特徴、周囲の環境を考えたうえで、独自に探していくしかありません。

ときどき「去年、ＡＤＨＤのお子さんを受け持ちましたから大丈夫、今年の担任は任せてください」と張り切ってくださる先生がいらっしゃいます。でも、去年通用した方法が今年も通用するとは限らないのです。去年の子どもが持っているＡＤＨＤと、今年の子どもが持っているＡＤＨＤは、具体的症状においては全く異なっていることもよくあります。

また、ＡＤＨＤという言葉がこれだけ頻繁に多用されてくると、多動だったり、忘れっぽかったり、集中力が欠けているだけで、すぐにＡＤＨＤではないのか、と思ってしまう人もいるようです。でも、そういった状態になるには、他の多様な条件・要素があることを忘れてはなりません。

「診断名はついたけれど、具体的な対応法が薬物療法しかわからない」ということが問題になる場合もあります。

つまり念頭に置かなければならないのは、その子が「どう診断されるか」ではなくて、「自立して生きていくうえで、どういう困難さがあるのか」を見極め、本人のセルフエスティームが低下しないように支援していくことなのです。

容易にＡＤＨＤという言葉を使うことや、一般化して捉えることは気をつけたいと思っています。

Q5 ADHD児という言葉に抵抗があるのですが…？

アメリカの大学院でレポートを書いていた時の話です。そのレポートの中でADHD CHILDという表現を使いました。その表現を見て、指導教授は厳しい顔をして、こうおっしゃったのです。

「ADHD CHILD（ADHDの子）と書くようではいい教育者になれません。彼らはADHD CHILDなのではなくて、CHILD WITH ADHD（子どもでADHDを持っている）です。まずCHILDが先に来て、次にその子のパーソナリティの一部にADHDがあると考えるべきです。ADHD CHILDというような発想でいると、その子のADHDのみを見てしまい、特別に考えなければいけなくなってしまうでしょう。また、誤診で障害名が変わると翻弄されます。でも、CHILD WITH～と考えると、まずその子独自の handicap をどうするかという視点で捉えることができ、あとは○○の障害（disability・disorder）に応じた支援方法を考えればいいのだから、混乱も少ないはずでしょう」

私は愕然としました。まさに、自分には handicap の視点がなかったのです。まず前提に、子どもがいて、次にその子の特徴の一部にADHDがある——そう考えれば「ADHD＝生活していくうえで、困難さ・苦手さがある＝その困難さを補うようにサポートすればいい」という発想に落ち着きます。日本語で「ADHD児」と使っていても、この基本的な考え方を持ちたいものです。

Q6 異文化理解の視点で障害を理解するといいのはどうしてですか?

大切なのは、特別支援のための個別プログラムのあり方だけではありません。学校でそういった立派なプログラムが作られたとしても、「異なる課題を持つ子」を、ごく当たり前に受け入れられる環境が育っていなければ、そのプログラムに参加すること自体がいじめや排除につながります。

ここで強調したいのは、先ほどの「障害」の概念の多様性と同じように「違う」という言葉にもいろいろな意味があるということです。日本語の「違う」には different（＝差異）と wrong（＝誤り）の二つの意味があることを意識してほしいと思います。

人はみんな違っていますが、それは different であって、wrong ではない。その different を踏まえたうえで相手に共感し、相手を尊重する態度が大切なわけで、これはまさに異文化理解のための基本的姿勢でしょう。この感覚をクラスの他の子どもたち、他の子の保護者の方々、そして地域社会全体で身につけてもらえたら、と思います。そうすることは、ＡＤＨＤを持つ子を支援するだけでなく、あらゆるdisorder・disabilityを持った人たち、また異文化の人たちを理解していくうえで大切なことだからです。このdifferentを受け入れるかどうかは、その人個人のセルフエスティームと大きく関わってきます。セルフエスティームが育っていないと、他者の差異を認めることなど、とうていできないでしょう。セルフエスティームという概念は、ＡＤＨＤを持つ子だけでなく、誰にとっても大切なことだという理解が広まるといいと思っています。

Ｑ７　親も子も、教師も、みんなで共感しあうにはどうしたらいいのですか？

私たち日本人は以前、「ＡＤＨＤ」という疾患名を今ほど必要としていませんでした。「以心伝心」という言葉があるように、相手の気持ちを「察する」「共感する」ということは、自然な行為として日本社会全体に見られました。

ほんの数十年前まで、日本は大家族で暮らしていました。お年寄りは加齢とともにいろいろなことができなくなっていきますが、家族の中ではメンバーの一人ひとりを受容し、できないことに共感し、優しい言葉をかけたりしてカウンセラーのような存在だったといえます。どんな子もありのまま存在し、どこかに居場所があった背景には、そういう事情も多分に影響していたと思います。

ところが、こういう「共感能力」は本能ではないので、使わなければ退化していきます。今、ＡＤＨＤという疾患名が急速に広まりつつあるのも、社会全体が、こういった「共感能力」を失ってしまったからかもしれません。だからこそ、今改めて「共感能力」や「社会性」を教育していかなければいけないと思っています。これは何も子どもに限った話ではありません。親も教師も、我々大人すべてに当てはまると思うのです。

親が子どもに共感することが大事であるのと同じように、教師も親も互いに共感しあうことが大切です。教師は、親が二十四時間ＡＤＨＤを持つ子と一緒にいることを理解し、親は教師が三十人から四十人の子どもを見なければならず、その中でＡＤＨＤを持った子を見ているという煩雑さを理解する。お互いに相手を批判するのではなく、相手の置かれた立場に共感することができれば、そこには信頼関係も生まれてくるはずです。すると、どういう解決方法があるのか、「自分は、明日から何ができるのか?」と、前向きに協力していこうとする土壌も育ってくることと思います。

えじそんくらぶには「ＡＤＨＤの子どもを持ったことで自分自身の世界観が広がった」とおっしゃる方がたくさんいます。

子どもの障害を通して、多くのよい友人を得た、子どもが育てにくかったりしなければ、一生セルフエスティームなどという概念とは無縁の生活を送っていた、他人や自分に対する考え方・捉え方が変わってきた。「そういうことを知るきっかけを与えてくれた子に感謝する」という親御さんはほんとにたくさんいらっしゃる。このように苦しい体験から学び、前向きに生きている人々が大勢いるという事実も、読者のみなさんには知ってほしいと思うのです。

人は誰しも違って（different）いるのですから、摩擦が起きてもなんら不思議ではありません。これは他人同士に限らず、親子間でも夫婦間でも同じこと。そのことをどこまで認識できるかが、実はＡＤＨＤを持つ子をサポートしていくうえで、非常に大切なポイントになってくると思っています。

あとがき

2年前にADHDについての翻訳本を企画編集したとき、私はある読者からお電話をいただきました。その方は電話口で泣きながら、強い口調でこうおっしゃいました。

「翻訳本は参考になるけど、しょせんは外国の話。日本の本も出版されているけれど、専門書が多く、書いてあるのは『こうすればいい』という理想の形だ。どちらも、あまり実用的ではない。行政や教育、医療機関の認識が変わるまで待っていたら、息子は成人してしまう…」

それは、行き場のない憤り、焦りの悲鳴でした。私がADHDを持つ子の親御さんの取材を始めたのは、そういう悲鳴をいくつも聞いたことがきっかけだったのです。

取材を重ねれば重ねるほど、今度は、複雑な現実があることを思い知りました。

学校の先生に理解を求めるにしても一筋縄ではいきません。うまく支援態勢ができたとしても、他の児童の保護者など思ってもいないようなところから、横槍が入る。

そんないくつものハードルを、ある時は飛び越え、またある時はぐったりしながら、お母さんたちは少しずつ前進していました。傷ついても追いつめられても、どうにかして先に進もうとする姿に、私は取材のたびに勇気づけられ、元気を分けてもらいました。

この本の目的は、ＡＤＨＤを持つお子さんを育てている方々の具体例を紹介することにあります。でも、ＡＤＨＤを持つお子さんは千差万別、解決策の王道があるわけではありません。巻末に紹介する医療機関が、あなたにとってベストな選択かどうかは実際に行ってみないとわからないし、ＤＳＭ―Ⅳの診断基準がすべてでもない。これに当てはまるように見えるお子さんが、みんなＡＤＨＤというわけでもありません。つまり、この本の中で紹介しているものは、いずれも参考資料にすぎないのです。

でも、どうかあきらめないでほしい、と思うのです。〝捨てる神〟がいるなら、同じ数だけ〝拾う神〟もいます。ご自分の感性を信じ、仲間を見つけ、相性の合う道を少しずつ探していってほしいと思います。

ここに紹介した十一人の方以外にも、多くの方々がご自身の経験を何時間にもわたって話してくださいました。みなさん、ほんとうにありがとうございます。みなさんのご経験が、ＡＤＨＤを持つお子さんを育てている方に限らず、「今現在、子育てやしつけなど子どものことで悩んでいる方」の手元に届くといいなと思います。そして、ちょっとでも役に立つことができるなら、それほど嬉しいことはありません。

品川裕香

二〇〇一年十月吉日

国立精神神経センター 国府台病院児童精神科	TEL 047-372-3501
福島県立医科大学精神科	TEL 0245-48-2111
静岡県立こころの医療センター	TEL 054-271-1135
NTT東日本伊豆病院小児リハビリテーション	TEL 0559-78-2320
東海大学医学部附属病院精神科	TEL 0463-93-1121
三重県立小児心療センター　あすなろ学園	TEL 0592-34-8700
豊田市子ども発達センター　のぞみ診療所	TEL 0565-32-8985
名古屋大学医学部附属病院精神科	TEL 052-741-2111
石井クリニック	TEL 052-732-3151
大高クリニック	TEL 052-825-0033
奈良県心身障害者リハビリテーションセンター	TEL 0744-32-0200
福井県小児療育センター	TEL 0776-53-6570
大阪府立中宮病院　松心園	TEL 072-847-3261
近畿大学医学部附属病院神経科	TEL 0723-66-0221
京都市児童福祉センター総合療育所診療科	TEL 075-801-2177
大阪医科大学附属病院小児科	TEL 0726-83-1221
愛媛県つばさ発達クリニック	TEL 0898-34-5991
北九州市立総合療育センター	TEL 093-922-5596
福岡大学病院小児科	TEL 092-801-1011
久留米大学医学部附属病院小児科	TEL 0942-35-3311
国立肥前療養所	TEL 0952-52-3231
佐世保市子ども発達センター	TEL 0956-23-3945
国立療養所菊池病院	TEL 096-248-2111

巻末資料

AD/HDの最新医療情報

AD/HDという疾患の認知度が一気に広まったおかげで、最近「AD/HDを診察する」と言っている診療機関が増えてきている。インターネット上で『AD/HD』と引くだけで、軽く数百件出てくるくらい情報は多い。だが、第3章でも紹介したように、実際には診断できる児童精神科医の絶対数が少なく、名の通った医療機関は何か月も予約待ちなのが現状だ。だから、ここで紹介する医療機関でなければならないわけではない。そのことを念頭においたうえで参考にしてほしい。

とにかく大切なのは『一緒に考えてくれそうな人・仲間になってくれそうな人を探す』こと。自分たちに合った医者やカウンセラーは、結局自分たちにしか探し出せない。これが一番難しいから誰しも悩み続けるというのもよくわかっているのだが、それでも、「絶対にどこかにいるのよ」と繰り返したい。第1章に登場した母親たちのように、あきらめることなく「その人」を探し続けてほしいと思う。

■相談機関

NPO法人　えじそんくらぶ	http://www.e-club.jp
リソースセンターOne	TEL 03-3843-9455
西東京YMCA（LD）	TEL 042-577-6181
AD/HD研究会	http://www.09.u-page.so-net.ne.jp/zg7/adhd
全国LD親の会	http://www.normanet.ne.jp/~zenkokld
CH.A.D.D.(チャド：アメリカのADHD親の会)	http://www.chadd.org/

■診療機関

北海道立札幌肢体不自由児総合療育センター小児精神科	TEL 011-682-1331
北海道立緑ヶ丘病院	TEL 0155-42-3377
東京都立梅が丘病院	TEL 03-3323-1621
司馬クリニック	TEL 0422-55-8707
発達協会　王子クリニック	TEL 03-5390-3911

（d）しばしば静かに遊んだり余暇活動につくことができない。
（e）しばしば“じっとしていない”またはまるで“エンジンで動かされるように”行動する。
（f）しばしばしゃべりすぎる。

衝動性

（g）しばしば質問が終わる前にだし抜けに答えてしまう。
（h）しばしば順番を待つことが困難である。
（i）しばしば他人を妨害し、邪魔する（例えば、会話やゲームに干渉する）。

B．多動性─衝動性または不注意の症状のいくつかが7歳未満に存在し、障害を引き起こしている。
C．これらの症状による障害が2つ以上の状況において（例えば、学校［または仕事］と家庭）存在する。
D．社会的、学業的または職業的機能において、臨床的に著しい障害が存在するという明確な証拠が存在しなければならない。
E．その症状は広汎性発達障害、精神分裂病、またはその他の精神病性障害の経過中にのみ起こるものではなく、他の精神疾患〈例えば、気分障害、不安障害、解離性障害、または人格障害〉ではうまく説明されない。

病型に基づいてコード番号をつけること：

314.01　注意欠陥／多動性障害、混合型：過去6ヵ月間A1とA2の基準をともに満たしている場合。
314.00　注意欠陥／多動性障害、不注意優勢型：過去6ヵ月間、基準A1を満たすが基準A2を満たさない場合。
314.01　注意欠陥／多動性障害、多動性─衝動性優勢型：過去6ヵ月間、基準A2を満たすが基準A1を満たさない場合。

（出典：『DSM-IV　精神疾患の分類と診断の手引』
高橋三郎、大野裕、染矢俊幸訳、医学書院、1996年）

巻末資料　AD/HD（注意欠陥／多動性障害）の診断基準

A．（1）か（2）のどちらか：

（1）以下の不注意の症状のうち6つ（またはそれ以上）が少なくとも6ヵ月以上続いたことがあり、その程度は不適応的で、発達の水準に相応しないもの：

不注意

（a）学業、仕事、またはその他の活動において、しばしば精密に注意することができない。または不注意な過ちをおかす。

（b）課題または遊びの活動で注意を持続することが、しばしば困難である。

（c）直接話しかけられた時に、しばしば聞いていないように見える。

（d）しばしば指示に従えず、学業、用事、または職場での任務をやり遂げることができない（反抗的な行動、または指示を理解できないためではなく）。

（e）課題や活動を順序立てることがしばしば困難である。

（f）（学業や宿題のような）精神的努力の持続を要する課題に従事することをしばしば避ける、嫌う、またはいやいや行う。

（g）（例えばおもちゃ、学校の宿題、鉛筆、本、道具など）課題や活動に必要なものをしばしばなくす。

（h）しばしば外からの刺激によって容易に注意をそらされる。

（i）しばしば毎日の活動を忘れてしまう。

（2）以下の多動性―衝動性の症状のうち6つ（またはそれ以上）が少なくとも6ヵ月以上続いたことがあり、その程度は不適応的で、発達の水準に相応しない：

多動性

（a）しばしば手足をそわそわと動かし、またはいすの上でもじもじする。

（b）しばしば教室や、その他、座っていることを要求される状況で席を離れる。

（c）しばしば、不適切な状況で、余計に走り回ったり高い所へ上ったりする（青年または成人では落着かない感じの自覚のみに限られるかも知れない）。

（4）遊んでいて時に過度に騒々しかったり、レジャー活動に参加できないことが多い。
（5）過剰な動きすぎのパターンが特徴的で、社会的な状況や要請によっても実質的に変わることはない。

G3．衝動性：次の症状のうち少なくとも1項が、6ヶ月以上持続し、その程度は不適応を起こすほどで、その子どもの発達段階と不釣り合いであること。
（1）質問が終わらないうちに、出し抜けに答えてしまうことがよくある。
（2）列に並んで待ったり、ゲームや集団の場で順番を待てないことがよくある。
（3）他人を阻止したり邪魔したりすることがよくある（例：他人の会話やゲームに割り込む）。
（4）社会的に遠慮すべきところで、不適切なほどに過剰に喋る。

G4．発症は7歳以前であること。

G5．広汎性：この基準は、複数の場面で満たされること。たとえば、不注意と過活動の組み合わせが家庭と学校の両方で、あるいは学校とそれ以外の場面（診察室など）で観察される。（いくつかの場面でみられるという証拠として、通常複数の情報源が必要である。たとえば、教室での行動については、親からの情報だけでは十分といえない。）

G6．G1—G3の症状は、臨床的に明らかな苦痛を引き起こしたり、あるいは社会的・学業上・仕事面での機能障害を引き起こすほどであること。

G7．この障害は広汎性障害、持病エピソード、うつ病エピソード、または不安障害の診断基準を満たさないこと。

（出典：『ICD-10　精神および行動の障害—DCR研究用診断基準—』
中根允文、岡崎祐士、藤原妙子訳、医学書院、1994年）

巻末資料

AD/HD（多動性障害）の診断基準

注：多動性障害の研究用診断基準では、さまざまな状況を通して広範にかついつの時点でも持続するような、不注意や多動、そして落ちつきのなさを異常なレベルで明らかに確認されていくことが必要である。またこれは、自閉症や感情障害などといった他の障害に起因するものではない。

G１．不注意：次の症状のうち少なくとも６項が、６ヶ月以上持続し、その程度は不適応を起こすほどで、その子どもの発達段階と不釣り合いであること。

（１）学校の勉強・仕事・その他の活動において、細かく注意を払えないことが多く、うっかりミスが多い。
（２）作業や遊戯の活動に注意集中を維持できないことが多い。
（３）自分に言われたことを聴いていないように見えることが多い。
（４）しばしば指示に従えない。あるいは学業・雑用・作業場での仕事を完遂することができない（反抗のつもり、または指示を理解できないためでなく）。
（５）課題や作業をとりまとめることが下手なことが多い。
（６）宿題のように精神的な集中力を必要とする課題を避けたり、ひどく嫌う。
（７）学校の宿題・鉛筆・本・玩具・道具など、勉強や活動に必要な特定のものをなくすことが多い。
（８）外部からの刺激で容易に注意がそれてしまうことがある。
（９）日常の活動で物忘れをしがちである。

G２．過活動：次の症状のうち少なくとも３項が、６ヶ月以上持続し、その程度は不適応を起こすほどで、その子どもの発達段階と不釣り合いであること。

（１）座っていて手足をモゾモゾさせたり、身体をクネクネさせることがしばしばある。
（２）教室内で、または着席しておくべき他の状況で席を離れる。
（３）おとなしくしているべき状況で、ひどく走り回ったりよじ登ったりする（青年期の者や成人ならば、落ち着かない気分がするだけだが）。

監修者　高山　恵子（NPO法人　えじそんくらぶ代表）
著者　品川　裕香（ノンフィクションライター）
協力　森　　孝一（福岡県情緒障害教育研究会事務局長）
山下裕史朗（久留米大学医学部小児科学教室・医学博士）
編集　土筆志津子

嫌な子・ダメな子なんて言わないで

—ADHD（注意欠陥・多動性障害）を持つ子の姿と支援法—

2001年11月20日　初版第1刷発行
2002年7月20日　第3刷発行

著　者　品川裕香
発行者　宮木立雄
発行所　株式会社　小学館
〒101-8001　東京都千代田区一ツ橋2-3-1
電話／編集03（3230）5543
制作03（3230）5333
販売03（3230）5739
振替／00180-1-200
印刷所　文唱堂印刷株式会社

　ISBN-4-09-840072-3